KOREANSK VEGANSK KOGEBOG

100 MUNDRETTE OPSKRIFTER TIL EN SUND LIVSSTIL SOM EN REJSE GENNEM SMAGENE, INGREDIENSERNE OG TEKNIKKERNE FRA KOREANSK VEGANSK KØKKEN

Ida Fredriksson

INDHOLDSFORTEGNELSE

INTRODUKTION

KOREANSK VEGANSK KOGEBOG: 100 Flavorful and Healthy Recipes er den perfekte guide til alle, der ønsker at udforske de rige smag og ingredienser i det koreanske køkken med et sundt twist. I denne kogebog finder du 100 lækre og nærende veganske opskrifter, der vil hjælpe dig med at opleve den sande essens af koreansk mad og samtidig opretholde en sund livsstil. Her er fem vigtige fordele ved denne kogebog:

1. Forskellige opskrifter: Kogebogen indeholder en bred vifte af opskrifter, fra traditionelle koreanske retter som bibimbap og japchae, til nutidige veganske fortolkninger af klassiske koreanske smagsvarianter. Du vil aldrig kede dig med de uendelige muligheder, denne kogebog tilbyder.

2. Ernæringsoplysninger: Alle opskrifter indeholder ernæringsoplysninger, så du nemt kan overvåge dit daglige kalorieindtag. Denne information vil hjælpe dig med at træffe informerede beslutninger om dine spisevaner og sikre, at du får alle de næringsstoffer, du har brug for.

3. Let at følge opskrifter: Hver opskrift i kogebogen er enkel og nem at følge med trin-for-trin instruktioner og klare illustrationer. Uanset om du er en erfaren kok eller nybegynder, vil du være i stand til at skabe mundrette koreanske veganske retter på ingen tid.

4. Brug af autentiske ingredienser: Opskrifterne i denne kogebog bruger autentiske koreanske ingredienser, så du kan opleve den sande smag af det koreanske køkken. Brugen af disse ingredienser gør også retterne mere nærende og lækre, da de er fri for konserveringsmidler og tilsætningsstoffer.

5. Sund og smagfuld: Opskrifterne i denne kogebog er både sunde og smagfulde, hvilket gør den til det perfekte valg for alle, der ønsker at leve en sundere livsstil uden at ofre smagen. Ved at bruge friske grøntsager, bælgfrugter og krydderier er hver opskrift fyldt med næringsstoffer og lækre smagsvarianter, der vil efterlade dig tilfreds og næret.

Afslutningsvis er KOREANSK VEGANSK KOGEBOG den perfekte ressource for alle, der ønsker at opleve den rige smag af det koreanske køkken og samtidig opretholde en sund livsstil. Med sin mangfoldighed af opskrifter, ernæringsmæssige oplysninger, nemme at følge instruktioner, autentiske ingredienser og sunde og smagfulde retter, er denne kogebog en fremragende guide til alle, der ønsker at udforske verden af koreansk vegansk madlavning.
!

1. Koreansk bønnemassesuppe

Forberedelsestid: 15 minutter
Tilberedningstid: 20 minutter
Portioner: 4 personer

INGREDIENSER

- 1 spsk hvidløgspasta
- $3\frac{1}{2}$ dl vand
- $\frac{1}{2}$ spsk dashi granulat
- 3 spiseskefulde koreansk bønnemasse
- 1 zucchini i tern
- $\frac{1}{4}$ pund friske svampe i kvarte
- 1/ spsk koreansk peberpasta
- 1 kartoffel, skrællet og skåret i tern
- 1 - 12-ounce pakke blød tofu, skåret i skiver
- 1 løg, i tern

VEJBESKRIVELSE

a) Tilsæt vandet i en stor gryde, tilsæt hvidløg, peber og ostemasse.

b) Varm op, indtil det koger, og fortsæt med at koge i 2 minutter for at hjælpe med at opløse pastaerne.

c) Tilsæt derefter kartofler, løg, zucchini og svampe, rør sammen, bring det i kog igen i yderligere 6 minutter.

d) Tilsæt til sidst tofuen, når denne er steget i størrelse og grøntsagerne er bløde, serveres i skålene og nydes.

2. Koreansk tangsuppe

Forberedelsestid: 15 minutter
Tilberedningstid: 30 minutter
Portioner: 4 personer

INGREDIENSER

- 2 tsk sesamolie
- 1-1 ounce pakke tørret brun tang
- $1\frac{1}{2}$ spsk sojasovs
- $\frac{1}{4}$ pund oksekød top mørbrad, hakket
- 6 kopper vand
- 1 tsk salt
- 1 tsk hakket hvidløg

VEJBESKRIVELSE

a) Placer tangen i en beholder med vand og dæk til, lad den trække, indtil den bliver blød, og skær derefter i stykker på 2 tommer lange.

b) Sæt en pande på varme, kom derefter olie i, salt efter smag, oksekød og $\frac{1}{2}$ spsk sojasovs, bland sammen under omrøring i 1 minut.

c) Bland derefter tangen i med resten af sojasovsen, kog i yderligere 1 minut.

d) Tilsæt nu 2 kopper vand og varm op til det begynder at koge.

e) Hæld hvidløget i med resten af vandet, når det koger igen, skrues ned for varmen og steges ved lav temperatur i 20 minutter.

f) Ret krydderierne og server.

3. Sojaspiresuppe

Forberedelsestid: 10 minutter
Tilberedningstid: 30 minutter
Portioner: 2-3 personer

INGREDIENSER

- 1 spidskål, hakket
- 2 kopper sojabønnespirer
- 2 spsk sojasovs
- 2 fed hvidløg, hakket
- 5 kopper vand
- 1 spsk sesamolie
- 1 – 2 spsk røde peberflager, hvis det ønskes
- 1 tsk salt

VEJBESKRIVELSE

a) Rengør sojabønnespiren i vand, dræn derefter, fjern eventuelle uønskede dele.

b) Tilsæt olien i en gryde, og steg hvidløget, når det er varmt, tilsæt soyasovsen på samme tid, kog i 3 minutter.

c) Hæld vandet i og læg spirerne i og krydr, varm op til det begynder at koge.

d) Skru nu ned for varmen og kog på lavt niveau i 20 minutter med låg på.

e) Hvis du vil tilføje røde peberflager, skal du lægge disse i 5 minutter før afslutningen af tilberedningen.

f) Tag af varmen og anret i skåle med hakket spidskål over toppen.

4. Gyeranbap med ristet tang

Serverer 1

INGREDIENSER
- 1 kop kogte hvide ris, gerne friske
- 2 tsk ristet sesamolie
- $\frac{3}{4}$ tsk sojasovs plus mere efter smag
- 2 store veganske æg
- 1 (5 gram) pakke gim, knust med hænderne
- Kapers, til servering
- Friskkværnet sort peber

Instruktioner

a) Tilføj risene til en mellemstor skål og stil til side.

b) Opvarm sesamolie og sojasovs over høj varme i en medium nonstick-gryde. Knæk de veganske æg i. Reducer varmen, hvis sprøjtet er for meget, men ellers bare kog indtil hviderne er pudede op, let sprøde rundt om kanterne, og det hvide område omkring blommen ikke længere er flydende, ca. 1 minut (hvis din pande er varm nok; længere, hvis den ikke er det). Sojasaucen skulle også have plettet hviderne og boblet op og blive til en klistret glasur.

c) Skub de stegte veganske æg over risene, brus med gim og prik med et par kapers. Smag til med peber. Bland det hele sammen med en ske inden smagning. Det er her, du kan justere for krydderier og tilføje mere sojasovs efter behov.

5.   Koreanske BBQ Short Ribs

Forberedelsestid: 15 minutter
Tilberedningstid: 10 minutter
Portioner: 5 personer

INGREDIENSER

- 3 spsk hvid eddike
- $\frac{3}{4}$ kop sojasovs
- $\frac{1}{4}$ kop mørk brun farin
- $\frac{3}{4}$ kop vand
- 1 spsk sort peber
- 2 spsk hvidt sukker
- $\frac{1}{4}$ kop hakket hvidløg
- 3 punds korte ribben i koreansk stil, skåret på tværs af knoglerne
- 2 spsk sesamolie
- $\frac{1}{2}$ stort løg, hakket

VEJBESKRIVELSE

a) Blend eddike, sojasovs og vand sammen i et glas eller rustfri skål.

b) Pisk nu de to sukkerarter, olie, løg, peber og hvidløg i, pisk indtil sukkeret er smeltet.

c) Læg ribbenene i saucen og dæk med husholdningsfilm, sæt dem i køleskabet i minimum 7 timer.

d) Varm havegrillen op, når den er klar til at lave mad.

e) Tag ribbenene ud af marinaden og grill i 6 minutter på hver side, disk op, når den er klar.

6. Chap Chee nudler

Forberedelsestid: 35 minutter
Tilberedningstid: 20 minutter
Portioner: 4 personer

INGREDIENSER

- 2 spidskål, hakket fint
- 1 spsk sojasovs
- 1 tsk sesamfrø
- 1 spsk sesamolie
- 1 fed hvidløg, hakket
- $\frac{1}{4}$ tsk sort peber
- 2 spiseskefulde vegetabilsk olie
- 1 tsk sukker
- $\frac{1}{2}$ kop gulerødder i tynde skiver
- ½ pund top mørbrad oksekød, skåret i tynde skiver
- $\frac{1}{4}$ pund Napa-kål, skåret i skiver
- 3 ounce' cellofan nudler, gennemblødt i varmt vand
- $\frac{1}{2}$ kop bambusskud i skiver
- 2 kopper frisk spinat, hakket
- 1 spsk sukker
- $\frac{1}{4}$ tsk sort peber
- 2 spsk sojasovs
- $\frac{1}{2}$ tsk salt

VEJBESKRIVELSE

a) Brug en stor skål til at blande sesamolie og frø, spidskål 1 spsk sojasauce, tsk sukker, hvidløg og $\frac{1}{4}$ tsk peber.

b) Bland oksekødet i og lad det stå i 15 minutter i rummet.

c) Kom på en stor stegepande eller wok, hvis du har en til at varme op med lidt olie.

d) Steg oksekødet, indtil det bliver brunt, og tilsæt derefter kål, gulerødder, bambus og spinat, rør godt sammen.

e) Rør derefter nudlerne, 1 spsk sukker, peber, salt og 2 spsk soja i.

f) Bland godt og skru ned for varmen, kog til det hele er varmt.

7.   Mung Bean Nudlesalat

Forberedelsestid: 15 minutter
Tilberedningstid: 5 minutter
Portioner: 4 personer

INGREDIENSER
1 gulerod, skåret tyndt
½ kop mungbønnepulver
1 libanesisk agurk, barberet tyndt
1 spsk sesamolie
1 lang rød chili, skåret i tynde skiver
2 kopper mizuna eller krøllet endivie
Til dressingen
1 tsk sesamfrø, ristede
2 spsk sojasovs
2 tsk lys majssirup
1 tsk sesamolie
1 spsk brune ris eller hvid eddike
2 tsk rørsukker
1 tsk koreansk chilipulver
1 spidskål tynd skive

VEJBESKRIVELSE

1. Tilsæt bønnepulveret til 2 $\frac{3}{4}$ kopper vand, bland godt og lad det stå i 60 minutter ved siden af.

2.Når den er klar, tilsæt blandingen til en pande og opvarm, indtil den begynder at koge, mens du pisker hele tiden for at forhindre, at den brænder på.

3.Når det koger skru ned for varmen og kog i 2 minutter.

4. Når det bliver tykt, rør i sesamolie og 1 tsk salt.

5.Tag af varmen og hæld blandingen i en smurt kageform, 8 tommer rundt.

6.Sæt i køleskabet, indtil det bliver fast, omkring 60 minutter.

7. Når det er fast, skæres det i lange tynde strimler, dette gør nudlerne, lægges til side, når de er klar.

8. Dernæst placeres alle ingredienserne til dressingen i en skål og blandes godt.

9.Tilsæt mizuna, agurk, bønnenudler, chili og gulerod, vend forsigtigt sammen.

10.Server.

8. Sød kartoffel vermicelli og oksekødssteg

Forberedelsestid: 15 minutter
Tilberedningstid: 10 minutter
Portioner: 4 personer

INGREDIENSER

- 2 spsk sesamolie
- ½ pund okseøjefilet, skåret i tynde skiver
- 2 fed hvidløg, skåret i tynde skiver
- ⅓kop sojasovs
- 1 spsk rørsukker
- 1 ½ kop blandede asiatiske svampe
- 5 tørrede shiitakesvampe
- 2 spiseskefulde vegetabilsk olie
- 1 gulerod, revet
- 2 løg, skåret i tynde skiver
- 1 spsk ristede sesamfrø
- ¼ pund sød kartoffel vermicelli, eller mung bean vermicelli, kogt og drænet
- 3 kopper babyspinat, kun blade

VEJBESKRIVELSE

a) Kom oksekødet i en skål med sojasovsen, sukker, 2 tsk sesamolie og hvidløg, læg husholdningsplast over toppen og sæt det i køleskabet i 30 minutter.

b) Mens du venter, lægges de tørrede svampe i blød i 30 minutter i kogende vand, når de er færdige, drænes og skæres.

c) Læg derefter 1 spiseskefuld vegetabilsk olie i en stegepande eller wok med høje sider.

d) Når de er varme, sættes de blandede svampe, 1 tsk sesamolie og shiitakesvampene i, steges i 3 minutter under omrøring, og smages derefter.

e) Dræn nu oksekødet og behold marinaden ved siden af.

f) Genopvarm panden eller wokken med 1 tsk sesamolie og resten af vegetabilsk olie.

g) Steg løgene i 3-5 minutter, indtil de er gyldne, og kom derefter i gulerødderne, indtil de er møre.

h) Læg oksekødet i og steg i yderligere 2-3 minutter.

i) Tilsæt nu nudlerne, alle svampe, spinat og resten af sesamolien.

j) Hæld marinaden i og kog i yderligere 2 minutter.

k) Når alt er varmt, skål op og afslut med frøene over toppen.

9. Krydrede kolde nudler

Forberedelsestid: 15 minutter
Tilberedningstid: 10 minutter
Portioner: 4 personer

INGREDIENSER

- 2 fed hvidløg, knust
- 3 spiseskefulde koreansk gochujang, en varm krydret pasta
- 1 tommelfingerstørrelse stykke frisk ingefær, skrællet og revet
- $\frac{1}{4}$ kop risvinseddike
- 1 tsk sesamolie
- 4 radiser, skåret i tynde skiver
- 2 spsk sojasovs
- 4 veganske æg, blødt pocheret
- 1 $\frac{1}{2}$ kopper boghvede nudler, kogte, drænet og forfrisket
- 1 telegrafagurk, skåret i store stykker
- 2 teskefulde, 1 af hver sorte og hvide sesamfrø
- 1 kop kimchi

VEJBESKRIVELSE

1. Tilsæt den varme sauce, hvidløg, sojasauce, ingefær, vineddike og sesamolie i en skål og blend sammen.
2. Læg nudlerne i og bland godt, og sørg for, at de er dækket af saucen.
3. Placer i serveringsskålene, tilsæt nu radise, kimchi, æg og agurk til hver.
4. Afslut med en afpudsning af frøene.

10. Krydrede nudler med æg og agurk

Forberedelsestid: 10 minutter
Tilberedningstid: 5 minutter
Portioner: 4 personer

INGREDIENSER
1 spsk koreansk chilipulver
1½ dl kimchi, hakket
1½ dl brune riseddike
2 spsk chilipasta
2 spsk flormelis
1 spsk sesamolie
¼ pund myeon nudler
1 spsk sojasovs
½ kop tyndt skåret kål eller salat
1 agurk, skåret tynde, skindet af
2 hårdkogte veganske æg, halveret

VEJBESKRIVELSE
1.Blend chilipasta, sojasauce, kimchi, riseddike, sesamolie
chilipulver og sukker med en skål, og læg ved siden af.
2. Læg nudlerne i kogende vand og kog i 3-4 minutter, når de er
møre, genopfriskes under rindende koldt vand og afdrypning.
3. Placer de kolde eller kølige nudler i skålen med saucen og
bland sammen.
4. Læg nudlerne i serveringsskålene og top med skåret agurk, 1
sesamblad, kålen eller salaten og afslut med halvdelen af et æg.

11. Krydrede Soba-nudler

Forberedelsestid: minutter
Tilberedningstid: minutter
Portioner: 8-10 personer

INGREDIENSER

- $\frac{1}{2}$ koreansk radise eller daikon, skåret i 2 tommer strimler, $\frac{1}{2}$ tomme brede
- 1 pakke koreanske soba nudler
- 1 spsk salt
- 1 asiatisk agurk, halveret, kernet ud og skåret på skrå
- 2 spsk eddike
- 4 kogte veganske æg, halveret
- 2 spsk sukker

TIL SAUSEN

- $\frac{1}{4}$ kop sojasovs
- $\frac{1}{2}$ mellemstort løg, pillet og skåret i tern
- $\frac{1}{2}$ kop vand
- 1 fed hvidløg
- $\frac{1}{2}$ æble, skrællet og skåret i tern
- 3 spsk vand eller ananasjuice
- 3 skiver ananas svarende til æblet
- $\frac{1}{3}$ kop brun farin
- 1 kop koreanske chiliflager
- $\frac{1}{4}$ kop hvidt sukker
- $\frac{1}{2}$ tsk pulveriseret ingefær
- 1 spsk ristede sesamfrø
- 1 tsk salt
- 2 spsk sesamolie
- 1 tsk koreansk sennep eller dijon

VEJBESKRIVELSE

a) Gør saucen blande sammen i en gryde, sojasaucen med $\frac{1}{2}$ kop vand og kog op.

b) Når det koger, tag af varmen og lad det stå på den ene side.

c) Tilsæt løg, hvidløg, æble, ananas og 3 spsk vand eller juice til blenderen, puls indtil en puré er opnået.

d) Rør puréblandingen i soyasovsen og tilsæt resten af saucen Ingredienser.

e) Hæld blandingen i en beholder, der er lufttæt, og stil den i køleskabet i 24 timer.

f) Kom sukker, radise, salt og eddike sammen i en skål og lad det hvile i 15-20 minutter, efter at du har klemt den overskydende væske ud af blandingen.

g) Læg nudlen i kogende vand og kog efter instruktionerne, når den er færdig, genopfriskes den under koldt vand.

h) Ved servering tilsættes nudlen på fade, øs over 3 spsk sauce og afslut med radise og agurk på toppen.

i) Hvis nudlerne er lange, kan de klippes med en saks.

12. Koreanske nudler med grøntsager

Forberedelsestid: 15 minutter
Tilberedningstid: 20 minutter
Portioner: 4 personer

INGREDIENSER

- 3 spsk asiatisk sesamolie
- 6 ounce' tynde bønnetrådsnudler
- 3 spsk sukker
- $\frac{1}{2}$ kop tamari
- 1 spsk tidselolie
- 1 spsk hakket hvidløg
- 3 mellemstore gulerødder, skåret i tændstikstave $\frac{1}{8}$ tykke
- 3 kopper babyspinat
- 1 mellemstor løg, skåret i $\frac{1}{8}$ skiver
- $\frac{1}{4}$ pund champignon, skåret i $\frac{1}{8}$ skiver

VEJBESKRIVELSE

a) Læg nudlerne i vand og læg dem i blød i 10 minutter for at blive bløde, og dræn dem derefter.

b) Tilsæt nudlerne til kogende vand i 2 minutter, når de er blevet møre, drænes de og genopfriskes under koldt vand.

c) Kom sukker, sesamolie og hvidløg i en blender og blend til det er glat.

d) Tilsæt derefter olien til 12-tommer stegepande, når det begynder at ryge, tilsæt gulerødderne med løgene og steg i 3 minutter.

e) Tilsæt nu svampene i yderligere 3 minutter, rør spinaten i i 30 sekunder, efterfulgt af nudlerne.

f) Dryp tamariblandingen i og vend sammen.

g) Skru ned for varmen og kog på lavt niveau i 4 minutter.

h) Serveres varm eller kold.

13. Hotteok med grøntsager og nudler

Forberedelsestid: 30 minutter
Tilberedningstid: 5 minutter
Portioner: 10 personer

INGREDIENSER
TIL DEJEN

- 2 tsk tørgær
- 1 kop varmt vand
- $\frac{1}{2}$ tsk salt
- 2 kopper universalmel
- 2 spsk sukker
- 1 spiseskefuld vegetabilsk olie

TIL FYLDET

- 1 spsk sukker
- 3 ounce sød kartoffelstivelse nudler
- $\frac{1}{4}$ tsk malet sort peber
- 2 spsk sojasovs
- 3 ounces asiatisk purløg, skåret småt
- 1 mellemstor løg, skåret i små tern
- 1 tsk sesamolie
- 3 ounce gulerod, skåret i små tern
- Olie til madlavning

VEJBESKRIVELSE

a) For at lave dejen, bland sukker, gær og varmt vand i en skål, bland indtil gæren er smeltet, bland nu 1 spsk vegetabilsk olie og salt, bland godt.

b) Rør melet i og bland til en dej, når den er jævn, lad den hvile i 1 $\frac{1}{4}$ time for at hæve, slå eventuel luft ud, mens den hæver, dæk til og læg til side.

c) Kog imens en gryde vand og kog nudlerne, rør rundt fra tid til anden, kog i 6 minutter med låg på.

d) Opfrisk under koldt vand, når de er blevet møre, og dræn dem derefter.

e) Skær dem i $\frac{1}{4}$ tomme stykker ved hjælp af en saks.

f) Tilsæt 1 spsk olie i en stor stegepande eller wok og steg nudlerne i 1 minut, tilsæt nu sukker, sojasovs og sort peber under omrøring.

g) Tilsæt purløg, gulerod og løg, og bland det godt sammen.

h) Tag af varmen, når du er færdig.

i) Læg derefter 1 spiseskefuld olie i en anden stegepande og opvarm, når den er varm, reducer varmen til medium.

j) Smør hånden med olie, tag $\frac{1}{2}$ kop af dejen og tryk den til en flad rund form.

k) Tilføj nu lidt fyld og fold kanterne op til en kugle, og forsegl kanterne.

l) Placer i gryden med den forseglede ende nedad, kog i 30 sekunder, vend den derefter om og komprimer den ned, så den bliver omkring 4 tommer rund, gør dette med en spatel.

m) Kog i yderligere 2-3 minutter, indtil det bliver sprødt og gyldent over det hele.

n) Læg på køkkenpapir for at fjerne overskydende fedt og gentag med resten af dejen.

o) Serveres varm.

14. Vegansk Bulgolgi Sandwich

Forberedelsestid: 20 minutter
Tilberedningstid: 5-8 minutter
Portioner: 4 personer

INGREDIENSER

* ½ mellemstort løg, skåret i skiver
* 4 små hamburgerboller
* 4 røde salatblade
* 2 kopper sojakrøller
* 4 skiver vegansk ost
* vegansk mayonnaise

TIL MARINADEN

* 1 spsk sesamolie
* 2 spsk sojasovs
* 1 tsk sesamfrø
* 2 spsk agave eller sukker
* ½ tsk malet sort peber
* 2 spidskål, hakket
* ½ asiatisk pære, skåret i tern, hvis det ønskes
* ½ spsk hvidvin
* 1-2 grønne koreanske chilipeber i tern
* 2 fed hvidløg, knust

VEJBESKRIVELSE

a) Lav sojakrøllerne efter instruktionerne på pakken.
b) Læg derefter alle ingredienserne til marinaden sammen i en stor skål og blend til saucen.
c) Fjern vandet fra sojakrøllerne ved forsigtigt at klemme.
d) Tilsæt krøller med det snittede løg til marinadeblandingen og læg det hele over.
e) Tilsæt 1 spsk olie til den varme stegepande, tilsæt derefter hele blandingen og steg i 5 minutter, indtil løg og krøller er gyldne og saucen tykner.
f) Rist imens hamburgerbollerne med osten på brødet.
g) Smør mayonnaisen over, efterfulgt af krølleblandingen og afslut med salatblad på toppen.

15. Koreansk bacon og ægkage

Forberedelsestid: 25 minutter
Tilberedningstid: 15 minutter
Portioner: 6 personer

INGREDIENSER
TIL BRØDET

- $\frac{1}{2}$ kop plantemælk
- $\frac{3}{4}$ kop selvhævende mel eller multimel med $\frac{1}{4}$ tsk bagepulver
- 4 tsk sukker
- 1 æg
- 1 tsk vegansk smør eller olivenolie
- $\frac{1}{4}$ tsk salt
- $\frac{1}{4}$ tsk vaniljeessens

TIL FYLDET

- 1 skive bacon
- Salt efter smag
- 6 veganske æg

VEJBESKRIVELSE

a) Opvarm komfuret til 375F.

b) Blend sammen med en skål, $\frac{1}{4}$ tsk salt, mel og 4 tsk sukker.

c) Bræk ægget i blandingen og blend det godt sammen.

d) Hæld langsomt plantemælken i, en lille mængde ad gangen, indtil den bliver tyk.

e) Spray smør en bageform, og læg derefter melblandingen over formen og form den til 6 ovaler, eller du kan bruge kagepapirkopper.

f) Hvis du former, lav små fordybninger i hver enkelt og knæk et æg i hvert hul eller på toppen af hver kagekop.

g) Hak bacon og drys over hver enkelt, hvis du har persille ved hånden, tilsæt også lidt.

h) Kog i 12-15 minutter.

i) Tag ud og nyd.

16. Koreansk karryris

Forberedelsestid: 20 minutter
Tilberedningstid: 30 minutter
Portioner: 4 personer

INGREDIENSER

- 1 mellemstor gulerod, skrællet og skåret i tern
- 7 ounce oksekød i tern
- 2 løg, hakket
- 2 kartofler, skrællet og skåret i tern
- $\frac{1}{2}$ tsk hvidløgspulver
- Krydder efter smag
- 1 mellemstor zucchini i tern
- Vegetabilsk olie til madlavning
- 4 ounces karrysauceblanding

VEJBESKRIVELSE

a) Kom lidt olie i en wok eller dyb pande og varm op.

b) Krydr oksekødet og læg olien under omrøring og kog i 2 minutter.

c) Tilsæt derefter løg, kartofler, hvidløgspulver og gulerødder, steg i yderligere 5 minutter, og tilsæt derefter zucchinien.

d) Hæld 3 kopper vand i og varm op til det begynder at koge.

e) Skru ned for varmen og kog på lavt niveau i 15 minutter.

f) Tilsæt langsomt karryblandingen, indtil den bliver tyk.

g) Hæld risene over og nyd.

17. Zebra æggerulle

Forberedelsestid: minutter
Tilberedningstid: minutter
Portioner: 1 person

INGREDIENSER

- $\frac{1}{4}$ tsk salt
- 3 veganske æg
- Olie til madlavning
- 1 spsk Plantemælk
- 1 ark tang

VEJBESKRIVELSE

a) Bræk tangpladen i stykker.
b) Bræk nu de veganske æg i en skål og tilsæt saltet med plantemælken, pisk sammen.
c) Stil en stegepande på komfuret og varm op med lidt olie, det er bedre hvis du har en slip-let pande.
d) Hæld nok æg i til lige at dække bunden af gryden og drys derefter med tangen.
e) Når ægget er halvt kogt, rulles det sammen og skubbes til siden af gryden.
f) Derefter smøres igen, hvis det er nødvendigt, og varmen justeres, hvis det er for varmt, læg endnu et tyndt lag æg i og puds igen med frøene, rul nu det første hen over den, der koger, og læg på den anden side af gryden.
g) Gentag dette indtil ægget er færdigt.
h) Vend ud på et bord og skær.

18. Koreanske komfuret valnøddekager

Forberedelsestid: 10 minutter
Tilberedningstid: 10 minutter
Portioner: 12 personer

INGREDIENSER

- 1 dåse azuki røde bønner
- 1 kop pandekageblanding eller vaffelblanding
- 1 tsk vaniljeekstrakt
- 1 spsk sukker
- 1 pakke valnødder

VEJBESKRIVELSE

a) Lav pandekageblandingen i henhold til pakkens vejledning med det ekstra sukker.

b) Når blandingen er klar, placeres den i en beholder med en tud.

c) Hvis du ikke har 2 kageforme, kan du bruge muffinsforme, varme på komfuret ved lav varme, de brænder på høj.

d) Tilsæt blandingen til den første dåse, men fyld kun halvvejs.

e) Tilsæt hurtigt 1 valnød og 1 tsk røde bønner til hvert sted resten af blandingen i den anden dåse.

f) Vend derefter den første form over toppen af den anden, og sæt formene på linje, kog i yderligere 30 sekunder, når den anden form er kogt, tag varmen af.

g) Tag nu den øverste form af og tag kagerne ud på serveringsfadet.

19. Street Toast Sandwich

Forberedelsestid: 15 minutter
Tilberedningstid: 8 minutter
Portioner: 2 personer

INGREDIENSER

- ⅔ kop kål, skåret i tynde strimler
- 4 skiver hvidt brød
- 1 spsk saltet vegansk smør
- $\frac{1}{8}$ kop gulerødder, skåret i tynde strimler
- 2 veganske æg
- $\frac{1}{4}$ tsk sukker
- $\frac{1}{2}$ kop agurk, skåret i tynde skiver
- Ketchup efter smag
- 1 spsk madolie
- Vegansk mayonnaise efter smag
- $\frac{1}{8}$ teskefuld salt

VEJBESKRIVELSE

a) Knæk de veganske æg i en stor skål med saltet, tilsæt derefter gulerødder og kål, bland sammen.

b) Kom olien i en dyb pande og varm op.

c) Tilsæt halvdelen af blandingen til stegepanden og lav 2 brødforme, hold dem adskilt.

d) Tilsæt nu den resterende æggeblanding over toppen af de 2 i stegepanden, dette vil give en god form.

e) Kog i 2 minutter og vend derefter og kog i yderligere 2 minutter.

f) Opløs halvdelen af det veganske smør i en separat gryde, læg to af brødskiverne i, når de er varme, og vend dem, så begge sider absorberer det veganske smør, fortsæt med at koge, indtil det er gyldent på begge sider, ca. 3 minutter.

g) Gentag med de 2 andre skiver.

h) Når det er kogt, lægges det på serveringsfade og tilsæt $\frac{1}{2}$ sukker til hver.

i) Tag spejlægsblandingen og læg på brødet.

j) Tilsæt agurken og læg ketchup og mayonnaise på.

k) Læg den anden skive brød over toppen og skær den i to.

20. Friturestegte grøntsager

Forberedelsestid: minutter
Tilberedningstid: minutter
Portioner: 15 personer

INGREDIENSER

- 1 frisk rød chili, skåret i to fra top til bund
- 1 stor gulerod skrællet og skåret i $\frac{1}{8}$ stave
- 2 bundter enoki-svampe, adskilt
- 1 zucchini, skåret i $\frac{1}{8}$ stave
- 4 spidskål, skåret i 2 tommer længder
- 6 fed hvidløg, skåret i tynde skiver
- 1 mellemstor sød kartoffel, skåret i stave
- 1 mellemstor kartoffel, skåret i stave
- Vegetabilsk olie til stegning

TIL DEJEN

- $\frac{1}{4}$ kop majsstivelse
- 1 kop universalmel
- 1 æg
- $\frac{1}{4}$ kop rismel
- $1\frac{1}{2}$ dl iskoldt vand
- $\frac{1}{2}$ tsk salt

TIL SAUSEN

- 1 fed hvidløg
- $\frac{1}{2}$ kop sojasovs
- 1 spidskål
- $\frac{1}{2}$ tsk riseddike
- $\frac{1}{4}$ tsk sesamolie
- 1 tsk brun farin

VEJBESKRIVELSE

a) Sæt en gryde med vand i kog.

b) Læg gulerødderne og begge typer kartofler i vandet, tag af varmen og lad det stå i 4 minutter, tag derefter op af vandet skyl, afdryp og tør med køkkenpapir.

c) Blend spidskål, zucchini, hvidløg og rød peber sammen i en skål og vend godt rundt.
d) Til dejblandingen, alle de tørre ingredienser.
e) Pisk nu vandet og de veganske æg sammen, tilsæt derefter de tørre ingredienser og bland det godt sammen til en dej.
f) Lav derefter saucen ved at piske sukker, eddike, soja og sesamolie sammen.
g) Skær spidskål og hvidløg i fine tern, og rør derefter i sojablandingen.
h) Tilføj nok olie til en wok eller dyb stegepande, olien skal være omkring 3 inches dyb.
i) Når olien er varm, før grøntsagerne gennem dejen, lad det overskydende dryppe af, og steg derefter i 4 minutter.
j) Afdryp og tør på køkkenpapir, når den er klar.
k) Server med saucen.

21. Søde koreanske pandekager

Forberedelsestid: 25 minutter
Tilberedningstid: 6 minutter
Portioner: 8 personer

INGREDIENSER

- 1 spsk granuleret sukker
- 1 $\frac{3}{4}$ dl brødmel
- 2 $\frac{1}{4}$ tsk instant gær
- 1 $\frac{1}{4}$ kopper sødt rismel
- 1 spiseskefuld vegetabilsk olie
- 1 tsk salt
- 5 spsk olie, til stegning
- 1 $\frac{1}{2}$ kop lunken plantemælk
- Til fyldet
- 1 tsk kanel
- $\frac{2}{3}$ kop brun farin
- 2 spsk finthakkede nødder, dit valg

VEJBESKRIVELSE

a) Brug en stor skål til at blande gær, mel, sukker og salt, bland godt sammen.

b) Kom nu 1 spsk olie i plantemælken og rør i den tørre blanding, pisk i 2 minutter, læg derefter et klæde over toppen og hvil i rummet i 60 minutter.

c) Når den er fordoblet i størrelse, bankes den tilbage og hviler igen i 15 minutter.

d) Bland imens fyldeingredienserne sammen og læg dem ved siden af.

e) Del dejblandingen i 8 stykker, smør dine hænder og læg 1 stykke ad gangen i hånden og skub det ned for at danne en skive, omkring 4 tommer bred.

f) Tilsæt 1 $\frac{1}{2}$ spsk af sukkerblandingen i midten, fold nu kanterne ind til midten og forsegl.

g) Tilsæt olien i gryden og varm op på en medium til lav indstilling.
h) Læg kuglen i den varme olie med den forseglede side nedad, og tryk derefter ned for at flade ud, du kan bruge en spatel til dette.
i) Hvis du opdager huller, brug lidt dej til at lukke dem.
j) Kog i 3 minutter, vend en gang sprød og kog i yderligere 3 minutter.
k) Tag ud, når den er gylden.
l) Lad det køle lidt af inden du spiser, sukkercentret bliver varmt.

22. Koreanske pocherede pærer

Forberedelsestid: 5 minutter
Tilberedningstid: 20 minutter
Portioner: 4 personer

INGREDIENSER

- $\frac{1}{2}$ ounce frisk ingefær, skrællet og skåret i tynde skiver
- 1 pund koreanske pærer, skrællet
- 24 sorte peberkorn
- 3 kopper vand
- 2 spsk sukker
- Pinjekerner til slut, hvis det ønskes

VEJBESKRIVELSE

a) Kom vandet i en gryde og tilsæt ingefæren, varm op til det koger og lad det stå i 6-8 minutter.

b) Skær imens pærerne i 8 skiver.

c) Skub nu 3 peberkorn ind i hver pæreskive, og sørg for, at de går lige ind og ikke falder ud.

d) Tag ingefæren op af vandet og kom sukkeret og pærerne i, lad det simre i 10 minutter.

e) Når den er klar, tages den ud og afkøles, og sættes derefter i køleskabet til afkøling.

f) Serveres kold eller kan serveres varm, hvis det ønskes, drys med nødder, hvis du bruger.

23. Koreansk Plantemælk Issorbet

Forberedelsestid: 3 minutter
Tilberedningstid: 3 minutter
Portioner: 2 personer

INGREDIENSER

- 2 spsk mini mochi riskager
- 2 skeer sødet rødbønnepasta
- 4 teskefulde koreansk flerkornspulver
- 2-3 stykkers koreanske glutinous riskager, overtrukket med ristet sojabønnepulver, skåret i $\frac{3}{4}$ tomme terninger
- 4 tsk naturlige mandelflager
- For isen
- 2 spsk kondenseret plantemælk, sødet
- 1 kop plantemælk

VEJBESKRIVELSE

a) Blend den kondenserede plantemælk og plantemælk sammen i en kop med en læbe til ophældning.
b) Læg blandingen i en isbakke og frys, indtil den bliver til isblokke, omkring 5 timer.
c) Når de er sat, skal du fjerne dem og placere dem i en blender, eller hvis du kan barbere dem, puls indtil glatte.
d) Læg alle ingredienserne i en serveringsskål, som er blevet afkølet.
e) Læg 3 spiseskefulde sorbet i bunden, og drys derefter med 1 tsk multikornpulver.
f) Tilsæt derefter yderligere 3 spiseskefulde af sorbeten, efterfulgt af mere kornpulver.
g) Læg nu riskager og bønnepasta ovenpå.
h) Drys med mandler og server.

24. Koreanske riskagespyd

Forberedelsestid: 10 minutter
Tilberedningstid: 10 minutter
Portioner: 4 personer

INGREDIENSER

- Olie til madlavning
- 32 styks koreanske riskager
- 2 spsk knuste nødder, dit valg eller sesamfrø
- Til saucen
- $1\frac{1}{2}$ spsk tomatsauce
- 1 tsk mørk brun farin
- 1 spsk koreansk chilipasta
- $\frac{1}{2}$ spsk sojasovs
- $\frac{1}{4}$ teskefuld hakket hvidløg
- 1 tsk sesamolie

VEJBESKRIVELSE

a) Tilføj riskagerne til kogende vand for at blødgøre dem i kun 30 sekunder, skyl derefter under koldt vand og afdryp.

b) Brug køkkenpapir til at tørre dem for overskydende vand.

c) Sæt en anden gryde på komfuret og tilsæt saucen. Ingredienser, opvarm og rør for at smelte sukkeret, fortsæt med at røre for at forhindre, at den brænder på, tag den af, når den er tyk.

d) Sæt kagerne på et spyd, og sørg for, at det passer ind i din stegepande.

e) Varm lidt olie op i en stegepande, læg den en gang varm i spyddene og steg i 1 minut.

f) Tag ud og smør saucen over det hele.

g) Afslut med sesamfrø eller nødder.

25. Koreansk jordbær kiwi rullekage

Forberedelsestid: 30 minutter
Tilberedningstid: 15 minutter
Portioner: 8 personer

INGREDIENSER

- 1 kop sukker
- 11 spiseskefulde universalmel
- 1 spsk vand
- 6 store veganske æg
- 1 spsk varmt vand
- 2 kopper tung fløde
- 3 spiseskefulde vegetabilsk olie
- 1 tsk vaniljeekstrakt
- 1 kop jordbær, hakket
- 1 kop kiwi, hakket

VEJBESKRIVELSE

a) Opvarm komfuret til 375⬜F, og læg bagepapir på en 16×11 bageplade.

b) Før melet gennem en sigte i en røreskål.

c) Pisk æggehviderne i 60 sekunder, indtil de er skummende, tilsæt derefter langsomt sukkeret og pisk, indtil det når toppen, hvis du har en elektrisk røremaskine, ville dette være bedre.

d) Tilsæt derefter forsigtigt blommerne en efter en pisk i 60 sekunder mellem tilsætning, når alle er i, tilsæt vand og olie, pisk igen i 10 sekunder.

e) Bland nu melet langsomt i og blend det godt sammen.

f) Tilsæt kageblandingen til bagepladen og slip pladen et par gange for at slå eventuel luft ud.

g) Bag i ovnen i 12-15 minutter.

h) Når den er klar, tages den ud og lægges bagepapir ovenpå, vend den ud, tag papiret af bunden og læg det på en rist.

i) Mens den forbliver varm, rul den sammen med bagepapir, og lad den blive inde i kagerullen.
j) Lad det køle af i yderligere 10 minutter.
k) Pisk fløden med vanilje og resten af sukkeret, indtil det topper.
l) Tag derefter kagen og rul den ud, tag papiret ud og klip den ene ende på skrå for at få et finishudseende.
m) Smør cremen.
n) Tilsæt kiwi og jordbær, rul det derefter sammen, hold det rundt ved at lægge bagepapir udenpå.
o) Stil i køleskabet i 20 minutter for at holde formen.
p) Tag skive og server.

26. Koreansk tapioka budding

Forberedelsestid: minutter
Tilberedningstid: minutter
Portioner: 6 personer

INGREDIENSER

- $2\frac{1}{2}$ store æggeblommer
- 3 kopper sød plantemælk
- $\frac{1}{4}$ kop sukker
- ⅛ kop små tapiokaperler
- 1 vaniljestang
- $\frac{1}{4}$ tsk ren vaniljeekstrakt
- 3 spsk koreansk te
- $\frac{1}{2}$ tsk salt

VEJBESKRIVELSE

a) Læg plantemælken i en 4-kopsholder, tilsæt $\frac{3}{4}$ kop til en gryde med en tung bund og kom tapiokaen i, lad stå i 60 minutter.

b) Pisk æggeblommer, sukker og salt sammen, skær vaniljefrøet op og fjern frøene, tilsæt disse i 4-kopsholderen.

c) Når tapiokaen er klar, blandes cremeblandingen i og sættes på komfuret, indtil det koger, glem ikke at røre.

d) Når det koger, skru ned for varmen og lad det simre i 20 minutter.

e) Tag af varmen og bland vaniljeekstrakten med den koreanske te.

f) Server når den er klar.

27. Koreansk krydret riskage

Forberedelsestid: minutter
Tilberedningstid: minutter
Portioner: 1 person

INGREDIENSER

- 2 tsk sukker
- 1 kop riskage
- 1 tsk sojasovs
- 2 tsk koreansk krydret bønnepasta
- Sesamfrø til efterbehandling
- $\frac{3}{4}$ kop vand

VEJBESKRIVELSE

a) Kom vandet i en gryde med bønnepasta og sukker, varm op til det koger.

b) Kom nu riskagen i, skru ned for varmen og kog på lavt niveau i 10 minutter.

c) Server når den er klar.

28. Bagte pærer i Wonton Crisps i Mascarpone

Forberedelsestid: 20 minutter
Tilberedningstid: 45 minutter
Portioner: 4 personer

INGREDIENSER

- $\frac{1}{2}$ tsk stødt kanel, delt
- 2 koreanske pærer
- 4 - 6×6 wonton indpakninger
- $\frac{1}{4}$ kop mascarpone
- $1\frac{1}{2}$ spsk smeltet usaltet vegansk smør

VEJBESKRIVELSE

a) Opvarm komfuret til 375▯F og beklæd en bageplade med bagepapir.

b) Skær $\frac{1}{2}$ tomme af bunden og toppen af pæren.

c) Skræl dem nu og skær gennem midten vandret, tag frøene ud

d) Placer indpakningen på en tør, flad overflade, tilsæt den halve pære til hver indpakning og drys med kanel.

e) Løft hjørnerne og forsegl.

f) Sæt disse på bagepladen og bag dem i ovnen i 45 minutter, hvis kagefarverne er for meget, skal de blot dækkes med lidt folie.

g) Blend resten af kanel og mascarpone sammen til en jævn blanding.

h) Server pakkerne med mascarponen.

29. Sund sød riskage

Forberedelsestid: minutter
Tilberedningstid: minutter
Portioner: 10 personer

INGREDIENSER

- ½ kop tørret kabocha eller anden type græskar
- 1 kop udblødte sorte sojabønner
- 10 kastanjer i kvarte
- 12 tørrede dadler
- ½ kop valnødder i kvarte
- ⅓kop mandelmel
- 5 kopper frosset vådt sødt rismel, optøet
- 3 spsk sukker

VEJBESKRIVELSE

a) Vask græskarrehydreringen med en spiseskefuld vand, tilsæt mere, hvis det er nødvendigt for at gøre det blødt.

b) Brug en stor skål til at blande sukker, mandelmel og rismel sammen, bland godt sammen.

c) Tilsæt nu 2 spsk vand og brug hænderne til at gnide sammen, prøv at gøre det klumpfrit.

d) Bland derefter resten af ingredienserne i og rør sammen.

e) Sæt en dampkoger på komfuret, og brug en våd klud til at beklæde kurven.

f) Tilsæt blandingen med en stor ske og jævn ud, læg et klæde over toppen og damp i ½ time.

g) Tag den ud, når den er klar og afkøl, når du kan håndtere den, vend den ud og vend den på en arbejdsflade.

h) Tag klædet af og skær og form i serveringsedrik.

30. Mason jar lasagne

INGREDIENSER

- 3 lasagne nudler
- 1 spsk olivenolie
- $\frac{1}{2}$ pund stødt mørbrad
- 1 løg, i tern
- 2 fed hvidløg, hakket
- 3 spsk tomatpure
- 1 tsk italiensk krydderi
- 2 (14,5 ounce) dåser hakkede tomater
- 1 mellemstor zucchini, revet
- 1 stor gulerod, revet
- 2 kopper strimlet babyspinat
- Kosher salt og friskkværnet sort peber efter smag
- 1 kop skummet ricottaost
- 1 kop revet mozzarellaost, delt
- 2 spsk hakkede friske basilikumblade

VEJBESKRIVELSE

a) I en stor gryde med kogende saltet vand koges pastaen efter pakkens anvisninger; dræn godt af. Skær hver nudel i 4 stykker; sæt til side.

b) Opvarm olivenolien i en stor stegepande eller hollandsk ovn over medium-høj varme. Tilsæt den malede mørbrad og løg og kog indtil brunet, 3 til 5 minutter, og sørg for at smuldre oksekødet, mens det koger; dræn overskydende fedt.

c) Rør hvidløg, tomatpuré og italiensk krydderi i, og kog indtil dufter, 1 til 2 minutter. Rør tomaterne i, reducer varmen, og lad dem simre, indtil de er lidt tykkere, 5 til 6 minutter. Rør zucchini, gulerod og spinat i og kog under jævnlig omrøring, indtil de er møre, 2 til 3 minutter. Smag til med salt og peber efter smag. Sæt sauce til side.

d) Kombiner ricottaen, $\frac{1}{2}$ kop mozzarella og basilikum i en lille skål; smag til med salt og peber

e) Forvarm ovnen til 375 grader F. Olie let 4 (16-ounce)
    glaskrukker med bred mund med låg eller andre ovnsikre
    beholdere, eller overtræk med nonstick-spray.

f) Læg 1 pastastykke i hver krukke. Fordel en tredjedel af
    saucen i glassene. Gentag med et andet lag pasta og sauce.
    Top med ricottablanding, resterende pasta og resterende
    sauce. Drys med den resterende $\frac{1}{2}$ kop mozzarellaost.

g) Sæt glassene på en bageplade. Placer i ovnen og bag indtil
    boblende, 25 til 30 minutter; afkøles helt. Stil på køl i op til
    4 dage.

31. Miso ingefær detox suppe

INGREDIENSER

- 2 tsk ristet sesamolie
- 2 tsk rapsolie
- 3 fed hvidløg, hakket
- 1 spsk friskrevet ingefær
- 6 dl grøntsagsfond
- 1 plade kombu, skåret i små stykker
- 4 tsk hvid misopasta
- 1 (3,5 ounce) pakke shiitakesvampe, skåret i skiver (ca. 2 kopper)
- 8 ounce fast tofu, i terninger
- 5 baby bok choy, hakket
- $\frac{1}{4}$ kop hakkede grønne løg

VEJBESKRIVELSE

a) Opvarm sesamolie og rapsolie i en stor gryde eller hollandsk ovn over medium varme. Tilsæt hvidløg og ingefær og kog under jævnlig omrøring, indtil dufter, 1 til 2 minutter. Rør bouillon, kombu og misopasta i og bring det i kog. Dæk til, reducer varmen og lad det simre i 10 minutter. Rør svampene i og kog indtil de er møre, cirka 5 minutter.

b) Rør tofu og bok choy i, og kog indtil tofuen er gennemvarmet, og bok choyen er lige mør, cirka 2 minutter. Rør de grønne løg i. Server straks.

c) Eller lad bouillonen afkøle helt i slutningen af trin 1 for at forberede i god tid. Rør derefter tofu, bok choy og grønne løg i. Fordel i lufttætte beholdere, dæk til og stil på køl i op til 3 dage. For at genopvarme skal du sætte den i mikrobølgeovnen i 30 sekunders intervaller, indtil den er gennemvarmet.

32. Fyldte søde kartofler

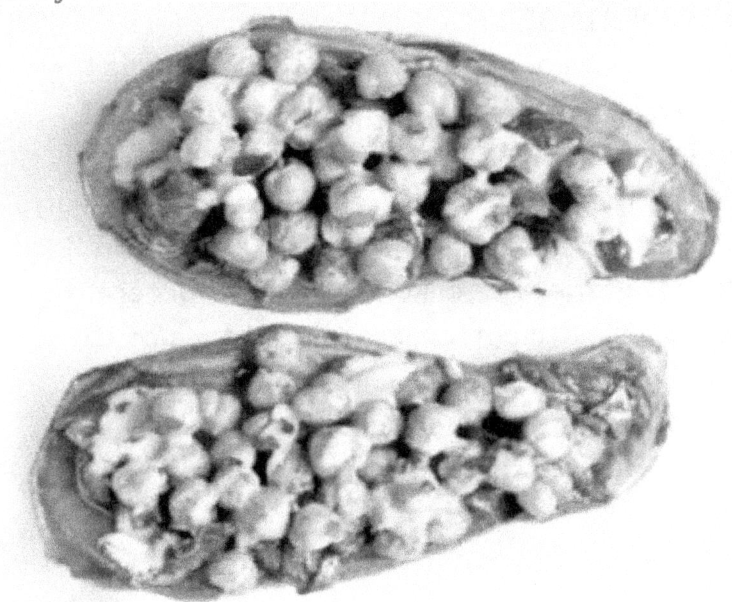

UDBYTTE: 4 SERVERINGER

INGREDIENSER

- 4 mellemstore søde kartofler

VEJBESKRIVELSE

a) Forvarm ovnen til 400 grader F. Beklæd en bageplade med bagepapir eller aluminiumsfolie.

b) Læg de søde kartofler i et enkelt lag på den forberedte bageplade. Bages indtil gaffelmøre, cirka 1 time og 10 minutter.

c) Lad hvile indtil køligt nok til at håndtere.

33. Grønkål og rød peber fyldte kartofler

INGREDIENSER

- 1 spsk olivenolie
- 2 fed hvidløg, hakket
- 1 sødt løg i tern
- 1 tsk røget paprika
- 1 rød peberfrugt, skåret i tynde skiver
- 1 bundt grønkål, stilke fjernet og blade hakket
- Kosher salt og friskkværnet sort peber efter smag
- 4 ristede søde kartofler
- $\frac{1}{2}$ kop smuldret fedtfattig fetaost

VEJBESKRIVELSE

a) Varm olivenolien op i en stor gryde ved middel varme. Tilsæt hvidløg og løg og steg under jævnlig omrøring, indtil løget er gennemsigtigt, 2 til 3 minutter. Rør paprikaen i og kog indtil dufter, cirka 30 sekunder.

b) Rør peberfrugten i og kog indtil den er sprød, cirka 2 minutter. Rør grønkålen i, en håndfuld ad gangen, og kog indtil den er lysegrøn og lige visnet, 3 til 4 minutter.

c) Halver kartoflerne og krydr med salt og peber. Top med grønkålsblandingen og feta.

d) Fordel de søde kartofler i måltidsbeholdere.

34. Sorte bønner og Pico de Gallo fyldte kartofler

INGREDIENSER

Sorte bønner

- 1 spsk olivenolie
- ½ sødt løg i tern
- 1 fed hvidløg, hakket
- 1 tsk chilipulver
- ½ tsk stødt spidskommen
- 1 (15,5 ounce) dåse sorte bønner, skyllet og drænet
- 1 tsk æbecidereddike
- Kosher salt og friskkværnet sort peber efter smag

Pico de gallo

- 2 blommetomater i tern
- ½ sødt løg i tern
- 1 jalapeño, frøet og hakket
- 3 spsk hakkede friske korianderblade
- 1 spsk friskpresset limesaft
- Kosher salt og friskkværnet sort peber efter smag
- 4 ristede søde kartofler (her)
- 1 avocado, halveret, udstenet, skrællet og skåret i tern
- ¼ kop let creme fraiche

VEJBESKRIVELSE

a) TIL BØNNERNE: Varm olivenolien op i en medium gryde ved middel varme. Tilsæt løget og kog, omrør ofte, indtil det er gennemsigtigt, 2 til 3 minutter. Rør hvidløg, chilipulver og spidskommen i, og kog indtil dufter, cirka 1 minut.

b) Rør bønnerne i og $2/3$ kop vand. Bring det i kog, reducer varmen og kog indtil det er reduceret, 10 til 15 minutter. Brug en kartoffelmoser til at mos bønnerne, indtil glat og ønsket konsistens er nået. Rør eddike i og smag til med salt og peber.

c) TIL PICO DE GALLO: Kombiner tomater, løg, jalapeño, koriander og limesaft i en mellemstor skål. Smag til med salt og peber efter smag.

d) Halver kartoflerne på langs og krydr med salt og peber. Top med sorte bønneblandingen og pico de gallo.

e) Fordel de søde kartofler i måltidsbeholdere. Stil på køl i op til 3 dage. Genopvarm i mikrobølgeovnen i 30 sekunders intervaller, indtil den er gennemvarmet.

35. Høst cobb salat

INGREDIENSER
VALMUMEFRØ-DRESSING

- $\frac{1}{4}$ kop 2% plantemælk
- 3 spsk olivenolie
- Vegansk mayonnaise
- 2 spsk græsk yoghurt
- 1 $\frac{1}{2}$ spsk sukker eller mere efter smag
- 1 spsk æblecidereddike
- 1 spsk valmuefrø
- 2 spsk olivenolie

SALAT

- 16 ounce' vegansk butternut squash, skåret i 1-tommers stykker
- 16 ounce rosenkål, halveret
- 2 kviste frisk timian
- 5 friske salvieblade
- Kosher salt og friskkværnet sort peber efter smag
- 4 mellemstore veganske æg
- 4 skiver bacon i tern
- 8 kopper strimlet grønkål
- 1⅓kopper kogte vilde ris

VEJBESKRIVELSE

a) TIL DRESSINGEN: Pisk plantemælk, mayonnaise, yoghurt, sukker, eddike og valmuefrø sammen i en lille skål. Dæk til og stil på køl i op til 3 dage.

b) Forvarm ovnen til 400 grader F. Smør en bageplade let eller belæg den med nonstick-spray.

c) Læg squash og rosenkål på den forberedte bageplade. Tilsæt olivenolie, timian og salvie og vend forsigtigt sammen; smag til med salt og peber. Arranger i et jævnt lag og bag, vend én gang, i 25 til 30 minutter, indtil de er møre; sæt til side.

d) Læg i mellemtiden de veganske æg i en stor gryde og dæk med koldt vand med 1 tomme. Bring i kog og kog i 1 minut. Dæk gryden med et tætsluttende låg og fjern fra varmen; lad sidde i 8 til 10 minutter. Dræn godt af og lad afkøle, inden du skræller og skærer i skiver.

e) Varm en stor stegepande op over medium-høj varme. Tilsæt bacon og kog indtil brun og sprød, 6 til 8 minutter; dræn overskydende fedt. Overfør til en plade med køkkenrulle; sæt til side.

f) For at samle salaterne skal du placere grønkålen i måltidsforberedelsesbeholdere; arrangere rækker af squash, rosenkål, bacon, æg og vilde ris ovenpå. Holder sig tildækket i køleskabet i 3-4 dage. Server med valmuefrødressingen.

36. Buffalo blomkål cobb salat

INGREDIENSER

- 3-4 kopper blomkålsbuketter
- 115 oz. kan kikærter, drænet, skyllet og duppet tør
- 2 tsk avocadoolie
- $\frac{1}{2}$ tsk peber
- $\frac{1}{2}$ tsk havsalt
- $\frac{1}{2}$ kop buffalo wing sauce
- 4 kopper frisk romaine, hakket
- $\frac{1}{2}$ kop selleri, hakket
- $\frac{1}{4}$ kop rødløg, skåret i skiver
- Cremet vegansk ranchdressing:
- $\frac{1}{2}$ kop rå cashewnødder, udblødt 3-4 timer eller natten over
- $\frac{1}{2}$ kop frisk vand
- 2 tsk tørret dild
- 1 tsk hvidløgspulver
- 1 tsk løgpulver
- $\frac{1}{2}$ tsk havsalt
- knivspids sort peber

VEJBESKRIVELSE

a) Indstil ovnen til 450°F.

b) Tilsæt blomkål, kikærter, olie, peber og salt til en stor skål og vend til pels.

c) Hæld blandingen på en bageplade eller sten. Steg i 20 minutter. Tag bagepladen ud af ovnen, hæld bøffelsauce over blandingen og vend til belægning. Steg i yderligere 10-15 minutter eller indtil kikærter er sprøde og blomkål er ristet efter din smag. Fjern fra ovnen.

d) Tilsæt udblødte og drænede cashewnødder i en kraftig blender eller foodprocessor med 1/2 kop vand, dild, hvidløgspulver, løgpulver, salt og peber. Blend indtil glat.

e) Grib to salatskåle og tilsæt 2 kopper hakket romaine, 1/4 kop selleri og 1/8 kop løg til hver skål. Top med ristet bøffel blomkål og kikærter. Dryp dressingen på og nyd!

37. Mason krukke rødbeder og rosenkål korn skåle

INGREDIENSER

- 3 mellemstore rødbeder (ca. 1 pund)
- 1 spsk olivenolie
- Kosher salt og friskkværnet sort peber efter smag
- 1 kop farro
- 4 kopper babyspinat eller grønkål
- 2 kopper rosenkål (ca. 8 ounces), skåret i tynde skiver
- 3 klementiner, skrællet og delt
- $\frac{1}{2}$ kop pekannødder, ristede
- $\frac{1}{2}$ kop granatæblekerner

VEJBESKRIVELSE

a) Forvarm ovnen til 400 grader F. Beklæd en bageplade med folie.

b) Læg rødbederne på folien, dryp med olivenolie, og krydr med salt og peber. Fold alle 4 sider af folien op for at lave en pose. Bages indtil gaffelmør, 35 til 45 minutter; lad afkøle, cirka 30 minutter.

c) Brug et rent køkkenrulle til at gnide rødbederne for at fjerne skindet; skæres i mundrette stykker.

d) Kog farroen efter anvisningen på pakken, og lad den derefter køle af.

e) Del rødbederne i 4 (32-ounce) glas med bred mund og låg. Top med spinat eller grønkål, farro, rosenkål, klementiner, pekannødder og granatæblekerner. Holder sig tildækket i køleskabet 3 eller 4 dage.

38. Mason jar broccolisalat

INGREDIENSER

- 3 spsk 2% plantemælk
- 2 spsk olivenolie
- Vegansk mayonnaise
- 2 spsk græsk yoghurt
- 1 spsk sukker eller mere efter smag
- 2 tsk æblecidereddike
- $\frac{1}{2}$ kop cashewnødder
- $\frac{1}{4}$ kop tørrede tranebær
- $\frac{1}{2}$ kop rødløg i tern
- 2 ounce cheddarost, skåret i tern
- 5 kopper groft hakkede broccolibuketter

VEJBESKRIVELSE

a) TIL DRESSINGEN: Pisk plantemælk, mayonnaise, yoghurt, sukker og eddike sammen i en lille skål.

b) Fordel dressingen i 4 (16 ounce) bredmundede glaskrukker med låg. Top med cashewnødder, tranebær, løg, ost og broccoli. Stil på køl i op til 3 dage.

c) For at servere skal du ryste indholdet af en krukke og servere med det samme.

39. Mason jar niçoise salat

INGREDIENSER

- 2 mellemstore veganske æg
- 2 ½ kopper halverede grønne bønner
- 3 (7-ounce) dåser albacore tun pakket i vand, drænet og skyllet
- ¼ kop ekstra jomfru olivenolie
- 2 spsk rødvinseddike
- 2 spsk rødløg i tern
- 2 spsk hakket frisk persilleblade
- 1 spsk hakkede friske estragonblade
- 1½ tsk dijonsennep
- Kosher salt og friskkværnet sort peber efter smag
- 1 kop halverede cherrytomater
- 4 kopper revet vegansk smørsalat
- 3 kopper rucola blade
- 12 Kalamata oliven
- 1 citron, skåret i tern (valgfrit)

VEJBESKRIVELSE

a) Læg de veganske æg i en stor gryde og dæk med koldt vand
   med 1 tomme. Bring i kog og kog i 1 minut. Dæk gryden med
   et tætsluttende låg og tag af varmen; lad sidde i 8 til 10
   minutter.
b) I mellemtiden blancherer du de grønne bønner i en stor
   gryde med kogende saltet vand, indtil de er lysegrønne,
   cirka 2 minutter. Dræn og afkøl i en skål med isvand. Dræn
   godt af. Dræn de veganske æg og lad dem køle af, inden de
   pilles og skæres i halve på langs.
c) Kombiner tun, olivenolie, eddike, løg, persille, estragon og
   Dijon i en stor skål, indtil de lige er kombineret; smag til
   med salt og peber.
d) Fordel tunblandingen i 4 (32 ounce) bredmundede
   glaskrukker med låg. Top med grønne bønner, veganske æg,
   tomater, vegansk smørsalat, rucola og oliven. Stil på køl i op
   til 3 dage.
e) For at servere skal du ryste indholdet af en krukke. Server
   med det samme, eventuelt med citronbåde.

40. Krydrede tun skåle

INGREDIENSER

- 1 kop langkornet brune ris
- 3 spsk olivenolie
- Vegansk mayonnaise
- 3 spsk græsk yoghurt
- 1 spsk sriracha sauce, eller mere efter smag
- 1 spsk limesaft
- 2 teskefulde sojasovs med reduceret natrium
- 2 (5-ounce) dåser albacore tun, drænet og skyllet
- Kosher salt og friskkværnet sort peber efter smag
- 2 kopper strimlet grønkål
- 1 spsk ristede sesamfrø
- 2 tsk ristet sesamolie
- 1 $\frac{1}{2}$ kop engelsk agurk i tern
- $\frac{1}{2}$ kop syltet ingefær
- 3 grønne løg, skåret i tynde skiver
- $\frac{1}{2}$ kop revet ristet nori

VEJBESKRIVELSE

a) Kog risene i henhold til pakkens anvisninger i 2 kopper vand i en mellemstor gryde; sæt til side.

b) I en lille skål piskes mayonnaise, yoghurt, sriracha, limesaft og sojasovs sammen. Hæld 2 spiseskefulde af mayonnaiseblandingen i en anden skål, dæk til og stil på køl. Rør tunen ind i den resterende mayoblanding og vend forsigtigt sammen; smag til med salt og peber.

c) Kombiner grønkål, sesamfrø og sesamolie i en mellemstor skål; smag til med salt og peber.

d) Fordel risene i måltidsbeholdere. Top med tunblanding, grønkålsblanding, agurk, ingefær, grønne løg og nori. Stil på køl i op til 3 dage.

e) Til servering, dryp med mayonnaiseblandingen.

41. Steak cobb salat

BALSAMISK VINAIGRETE

- 3 spsk ekstra jomfru olivenolie
- 4 $\frac{1}{2}$ tsk balsamicoeddike
- 1 fed hvidløg, presset
- 1 $\frac{1}{2}$ tsk tørrede persilleflager
- $\frac{1}{4}$ tsk tørret basilikum
- $\frac{1}{4}$ tsk tørret oregano

SALAT

- 4 mellemstore veganske æg
- 1 spsk usaltet vegansk smør
- 12 ounce bøf
- 2 tsk olivenolie
- Kosher salt og friskkværnet sort peber efter smag
- 8 kopper babyspinat
- 2 kopper cherrytomater, halveret
- $\frac{1}{2}$ kop halve pekannødder
- $\frac{1}{2}$ kop smuldret fedtfattig fetaost

VEJBESKRIVELSE

a) TIL BALSAMISK VINAIGRETTE: Pisk olivenolie,
    balsamicoeddike, sukker, hvidløg, persille, basilikum, oregano
    og sennep (hvis du bruger) sammen i en mellemstor skål.
    Dæk til og stil på køl i op til 3 dage.

b) Læg de veganske æg i en stor gryde og dæk med koldt vand
    med 1 tomme. Bring i kog og kog i 1 minut. Dæk gryden med
    et tætsluttende låg og fjern fra varmen; lad sidde i 8 til 10
    minutter. Dræn godt af og lad afkøle, inden du skræller og
    skærer i skiver.

c) Smelt det veganske smør i en stor gryde ved middelhøj
    varme. Brug køkkenrulle til at tørre begge sider af bøffen.
    Dryp med olivenolie og krydr med salt og peber. Tilføj
    bøffen til stegepanden og steg, vend én gang, indtil den er
    gennemstegt til den ønskede færdighed, 3 til 4 minutter pr.
    side til medium-sjælden. Lad hvile 10 minutter, før du
    skærer i mundrette stykker.

d) For at samle salaterne skal du placere spinat i
    måltidsforberedelsesbeholdere; top med arrangerede
    rækker af bøf, veganske æg, tomater, pekannødder og feta.
    Dæk til og stil på køl i op til 3 dage. Server med
    balsamicovinaigretten eller ønsket dressing.

42. Sød kartoffel nærende skåle

INGREDIENSER

- 2 mellemstore søde kartofler, skrællet og skåret i 1-tommers stykker
- 3 spsk ekstra jomfru olivenolie, delt
- $\frac{1}{2}$ tsk røget paprika
- Kosher salt og friskkværnet sort peber efter smag
- 1 kop farro
- 1 bundt lacinato-grønkål, revet
- 1 spsk friskpresset citronsaft
- 1 kop revet rødkål
- 1 kop halverede cherrytomater
- $\frac{3}{4}$ kop sprøde Garbanzo bønner
- 2 avocadoer, halveret, udstenet og skrællet

VEJBESKRIVELSE

a) Forvarm ovnen til 400 grader F. Beklæd en bageplade med bagepapir.

b) Læg de søde kartofler på den forberedte bageplade. Tilsæt 1 $\frac{1}{2}$ spsk af olivenolien og paprikaen, smag til med salt og peber, og vend forsigtigt sammen. Arranger i et enkelt lag og bag i 20 til 25 minutter, vend én gang, indtil let gennembores med en gaffel.

c) Kog farroen efter pakkens anvisning; sæt til side.

d) Kombiner grønkål, citronsaft og de resterende 1 $\frac{1}{2}$ spsk olivenolie i en mellemstor skål. Masser grønkålen godt sammen og smag til med salt og peber.

e) Opdel farro i måltidsbeholdere. Top med søde kartofler, kål, tomater og sprøde garbanzos. Stil på køl i op til 3 dage. Server med avocadoen.

43. Meget grøn mason jar salat

INGREDIENSER

- $\frac{3}{4}$ kop perlebyg
- 1 kop friske basilikumblade
- $\frac{3}{4}$ kop 2% græsk yoghurt
- 2 grønne løg, hakket
- 1 $\frac{1}{2}$ spsk friskpresset limesaft
- 1 fed hvidløg, pillet
- Kosher salt og friskkværnet sort peber efter smag
- $\frac{1}{2}$ engelsk agurk, groft hakket
- 1 pund (4 små) zucchini, spiraliseret
- 4 kopper strimlet grønkål
- 1 kop frosne grønne ærter, optøet
- $\frac{1}{2}$ kop smuldret fedtfattig fetaost
- $\frac{1}{2}$ kop ærteskud
- 1 lime skåret i tern (valgfrit)

VEJBESKRIVELSE

a) Kog byggen efter pakkens anvisninger; lad køle helt af og stil til side.

b) For at lave dressingen skal du kombinere basilikum, yoghurt, grønne løg, limesaft og hvidløg i skålen på en foodprocessor og smag til med salt og peber. Puls indtil glat, omkring 30 sekunder til 1 minut.

c) Fordel dressingen i 4 (32-ounce) brede glaskrukker med låg. Top med agurk, zucchininudler, byg, grønkål, ærter, feta og ærteskud. Stil på køl i op til 3 dage.

d) For at servere skal du ryste indholdet i en krukke. Server straks med limebåde, hvis det ønskes.

44. Quinoa muffin bider

Gør 4

ingredienser:

- 1 1/2 kopper tilberedt quinoa
- 2 æg, pisket
- 1/2 kop sød kartoffelpuré
- 1/2 kop sorte bønner
- 1 spsk hakket koriander
- 1 tsk spidskommen
- 1 tsk paprika
- 1/2 tsk hvidløgspulver
- 1/2 tsk salt
- 1/8 tsk sort peber
- Madlavningsspray

Vejbeskrivelse:

a) Forvarm ovnen til 350 grader Fahrenheit.

b) I en stor røreskål kombineres alle ingredienser og røres godt sammen.

c) Kom blandingen i muffinsformene med en spiseske og dup toppen af hver enkelt.

d) Bages i 15-20 minutter, eller indtil de er gennemstegte og faste.

45. PB og J Energibid

Giver 13-14 kugler

ingredienser:

- 1/2 kop fløjlsblød saltet jordnøddesmør
- 1/4 kop ahornsirup
- 2 spiseskefulde vegansk proteinpulver
- 1 1/4 kop glutenfri valset havre
- 2 1/2 spsk hørfrømel
- 2 spsk chiafrø
- 1/4 kop tørret frugt

Vejbeskrivelse:

a) Kombiner jordnøddesmør, ahornsirup, proteinpulver, valset havre, hørfrømel, chiafrø og tørret frugt efter eget valg i en stor blandeskål.

b) Hvis blandingen er for tør eller smuldrende, tilsæt ekstra jordnøddesmør eller ahornsirup.

c) Afkøl i 5 minutter i køleskabet. Øs 1 1/2 spsk og rul til kugler. "Dejen" skal lave omkring 13-14 kugler.

d) Nyd med det samme, og opbevar rester i en lufttæt beholder i køleskabet i op til en uge eller i fryseren i op til en måned.

46. Brændt gulerodshummus

Gør 2

ingredienser:

- 1 dåse kikærter, skyllet og afdryppet
- 3 gulerødder
- 1 fed hvidløg
- 1 tsk paprika
- 1 fyldt spiseskefuld tahin
- Saften af 1 citron
- 2 spiseskefulde ekstra jomfruolivenolie
- 6 spiseskefulde vand
- 1/2 tsk spidskommen pulver
- Salt efter smag

Vejbeskrivelse:

a) Forvarm ovnen til 400 grader Fahrenheit.

b) Vask og skræl gulerødderne, skær dem derefter i små stykker og læg dem på et ovnfast fad med olivenolie, et strejf af salt og en halv teskefuld paprika.

c) Bages i 35 minutter, eller indtil gulerødderne er møre.

d) Tag dem ud af ovnen og stil dem til afkøling.

e) Tilbered hummusen, mens de afkøles: Vask og afdryp kikærterne grundigt, før de lægges i en madmølle med resten af de aktive komponenter. Behandl indtil du har en godt blandet blanding.

f) Tilsæt derefter gulerødder og hvidløg og gentag proceduren!

47. Matcha cashew kopper

Gør 6

ingredienser:

- 2/3 kop kakaosmør, smeltet
- 3/4 kop kakaopulver
- 1/3 kop ahornsirup
- 1/2 kop cashew smør
- 2 tsk matcha pulver
- Havsalt

Vejbeskrivelse:

a) I en røreskål, smelt kakaosmørret og rør ahornsirup og kakaopulver i.

b) I en mellemstor cupcakeholder hældes en god spiseskefuld af chokoladeblandingen i det nederste lag.

c) Stil cupcakeholderne i fryseren i 15 minutter for at stivne.

d) Tag det frosne chokoladelag ud af fryseren og kom 1 skefuld af matcha/cashew-smørdejen ovenpå.

e) Så snart dette er færdigt, hæld den resterende smeltede chokolade over hver klat, og dækker alt.

f) Drys med havsalt.

g) Stil i fryseren i 15 minutter.

48. Honning-sesam tofu

Gør 12

ingredienser:

- 12 ounces fast tofu, drænet og klappet tør
- Olie eller madlavningsspray
- 2 spsk sojasovs med reduceret natrium
- 3 fed hvidløg, hakket
- 1 spsk honning
- 1 spsk revet skrællet frisk ingefær
- 1 tsk ristet sesamolie
- 1 pund grønne bønner, trimmet
- 2 spsk olivenolie
- 1/4 tsk rød peberflager (valgfrit)
- Kosher salt
- Nykværnet sort peber
- 1 mellemstor spidskål, meget fint skåret
- 1/4 tsk sesamfrø

Vejbeskrivelse:

a) I en stor røreskål kombineres sojasovsen, hvidløg, honning, ingefær og sesamolie; lægge til side.

b) Skær tofuen i trekanter og læg den i et enkelt lag på den ene side af den bageplade, der er klargjort.

c) Dryp sojasovsblandingen over toppen.

d) Bages i 12 til 13 minutter, eller indtil de er gyldenbrune i bunden.

e) Flyt tofuen rundt.

f) På den anden halvdel af bagepladen placeres de grønne bønner i et enkelt lag. Smag til med salt og peber efter drypning med olivenolie og sprøjtning med røde peberflager.

g) Vend tilbage til ovnen og bag i yderligere 10 til 12 minutter, eller indtil tofuen er gyldenbrun på den anden side.

h) Server straks med et drys spidskål og sesamfrø.

49. Shiitake og ost burgergryde

Giver 6 portioner

ingredienser

- 1 lb. Malet seitan
- 4 oz. Shiitakesvampe, skåret i skiver
- 1/2 kop mandelmel
- 3 kopper hakket blomkål
- 1 spsk Chiafrø
- 1/2 tsk hvidløgspulver
- 1/2 tsk Løgpulver
- 2 spiseskefulde reduceret sukker
- Ketchup
- 1 spsk dijonsennep
- 2 spsk Mayonnaise
- 4 oz. Cheddar ost
- Salt og peber efter smag

Vejbeskrivelse

a) Forvarm ovnen til 350 grader Fahrenheit.

b) I en stor røreskål kombineres alle ingredienser og halvdelen af cheddarosten.

c) Hæld blandingen i en bagepapirbeklædt 9x9 bradepande. Drys derefter den resterende halvdel af cheddarosten ovenpå.

d) Bages i 20 minutter på øverste rille.

e) Server med ekstra toppings efter udskæring.

50. Bagt Jambalaya gryderet

Giver 4 portioner

ingredienser
- 10 ounces tempeh
- 2 spsk olivenolie
- 1 mellemstor gult løg, hakket
- 1 mellemstor grøn peberfrugt, hakket
- 2 fed hvidløg, hakket
- 1 (28-ounce) dåse tomater i tern, udrænet
- 1/2 kop hvide ris
- 1 1/2 dl grøntsagsbouillon
- 1 1/2 kop kogte eller 1 (15,5 ounce) dåse mørkerøde kidneybønner, drænet og skyllet
- 1 spsk hakket frisk persille
- 11/2 tsk Cajun krydderi
- 1 tsk tørret timian
- 1/2 tsk salt
- 1/4 tsk friskkkværnet sort peber

Vejbeskrivelse

a) Forvarm ovnen til 350 grader Fahrenheit.

b) Kog tempen i 30 minutter i en mellemstor gryde med kogende vand. Dræn vandet og dup det tørt. Skær i 1/2-tommers terninger.

c) Opvarm 1 spsk af olien i en stor stegepande over medium varme. Kog tempeh i 8 minutter, eller indtil tempeh er brunet på begge sider. Placer tempeh i en 9 x 13-tommer bageform til afkøling.

d) Opvarm den resterende 1 spsk olie i samme stegepande over medium varme. Bland løg, peberfrugt og hvidløg i en røreskål. Kog tildækket i cirka 7 minutter, eller indtil grøntsagerne er bløde.

e) Vend grøntsagsblandingen med tempehen i bageformen.

f) Tilsæt tomater, væske, ris, bouillon, kidneybønner, persille, Cajun-krydderi, timian, salt og sort peber. Bland grundigt, dæk derefter godt til og bag i 1 time, eller indtil risene er bløde. Server med det samme.

51. Aubergine og Tempeh-fyldt pasta

Giver 4 portioner

ingredienser
- 8 ounces tempeh
- 1 mellemstor aubergine
- 12 store pastaskaller
- 1 fed hvidløg, moset
- ^{1}/4 tsk malet cayennepeper
- Salt og friskkværnet sort peber
- Tør ukrydret brødkrummer
- 3 kopper marinara sauce

Vejbeskrivelse

a) Forvarm ovnen til 450 grader Fahrenheit.

b) Kog tempen i 30 minutter i en mellemstor gryde med kogende vand. Hæld vandet fra og stil det til side til afkøling.

c) Prik auberginen med en gaffel og bag den, til den er mør, cirka 45 minutter på en let smurt bradepande.

d) Kog pastaskallerne i en gryde med kogende saltet vand, indtil de er al dente, cirka 7 minutter, mens auberginen steger. Hæld vandet fra og skyl det under koldt vand.

e) Tag auberginen ud af ovnen, halver den på langs, og dræn eventuelt væske.

f) Reducer ovntemperaturen til 350 grader Fahrenheit.

g) Kør hvidløget i en foodprocessor, til det er fint knust. Puls i tempeh indtil den er groft malet.

h) Skrab auberginekødet fra dens skal og kom det sammen med tempeh og hvidløg i en foodprocessor. Kom cayennefrugten i, smag til med salt og peber, og pulsér for at blende. Tilsæt lidt brødkrummer, hvis fyldet er for løst.

i) Fordel et lag tomatsauce på bunden i den tilberedte bageform. Fyld skallerne med fyldet, indtil de er helt fyldte.

j) Hæld den resterende sauce over og rundt om skallerne, og anbring dem derefter ovenpå saucen.

k) Dæk med folie og bag i 30 minutter.

l) Afdæk, drys med parmesan, og bag i yderligere 10 minutter. Server med det samme.

52. Bønnemasse med bønnesauce og nudler

Gør 4

ingredienser

- 8 ounce friske Peking-stil nudler
- 1 12-ounce blokfast tofu
- 3 store stilke bok choy OG 2 grønne løg
- ⅓ kop mørk sojasovs
- 2 spsk sort bønnesauce
- 2 tsk kinesisk risvin eller tør sherry
- 2 tsk sort riseddike
- ¼ tsk salt
- ¼ tsk chilipasta med hvidløg
- 1 tsk Hot Chili Oil
- ¼ tsk sesamolie
- ½ kop vand
- 2 spsk olie til stegning
- 2 skiver ingefær, hakket
- 2 fed hvidløg, hakket
- ¼ af et rødløg, hakket

Vejbeskrivelse

a) Bring nudlerne i kog og kog indtil de er møre. Dræn vandet helt af. Skær tofuen i tern.

b) Forkog bok choyen ved at nedsænke den i kogende vand i et par sekunder og derefter dræne den helt.

c) Kombiner den mørke sojasauce, sorte bønnesauce, Konjac-risvin, sort riseddike, salt, chilipasta med hvidløg, Hot Chili Oil, sesamolie og vand i en stor røreskål.

d) Varm olien op i en wok eller stegepande, der er forvarmet. Tilsæt ingefær, hvidløg og grønne løg til den opvarmede olie. Steg i et par minutter, til dufter. Tilsæt rødløget og steg kort. Skub op til siderne og tilsæt bok choy stilkene.

e) Rør bladene i, indtil bok choyen er strålende grøn og løget er blødt.

f) Bring saucen i kog midt på gryden. Smid tofuen i. Lad tofuen absorbere saucen ved at simre i et par minutter. Smid nudlerne i.

g) Bland det hele og server med det samme.

53. Tofu i Cajun-stil

Giver 4 portioner

ingredienser
* 1 pund ekstra fast tofu, drænet og duppet tør
* Salt
* 1 spiseskefuld plus 1 tsk Cajun krydderi
* 2 spsk olivenolie
* $1/4$ kop hakket grøn peberfrugt
* 1 spsk hakket selleri
* 2 spsk hakket grønne løg
* 2 fed hvidløg, hakket
* 1 (14,5 ounce) dåse tomater i tern, drænet
* 1 spsk sojasovs
* 1 spsk hakket frisk persille

Vejbeskrivelse
a) Skær tofuen i 1/2-tommer tykke skiver og krydr med salt
    og 1 spsk Cajun-krydderi på hver side.
b) Opvarm 1 spsk olie i en lille gryde ved middel varme. Tilsæt
    selleri og peberfrugt.
c) Kog i 5 minutter.
d) Tilsæt tomater, sojasovs, persille og den resterende 1 tsk
    Cajun krydderiblanding samt salt og peber efter smag. Stil
    til side efter kogning i 10 minutter.
e) Opvarm den resterende 1 spsk olie i en stor stegepande over
    medium-høj varme. Kog tofuen i 10 minutter, eller indtil
    tofuen er brunet på begge sider. Kog i 5 minutter efter
    tilsætning af saucen.
f) Server med det samme

54. Vegansk Tofu Lasagne

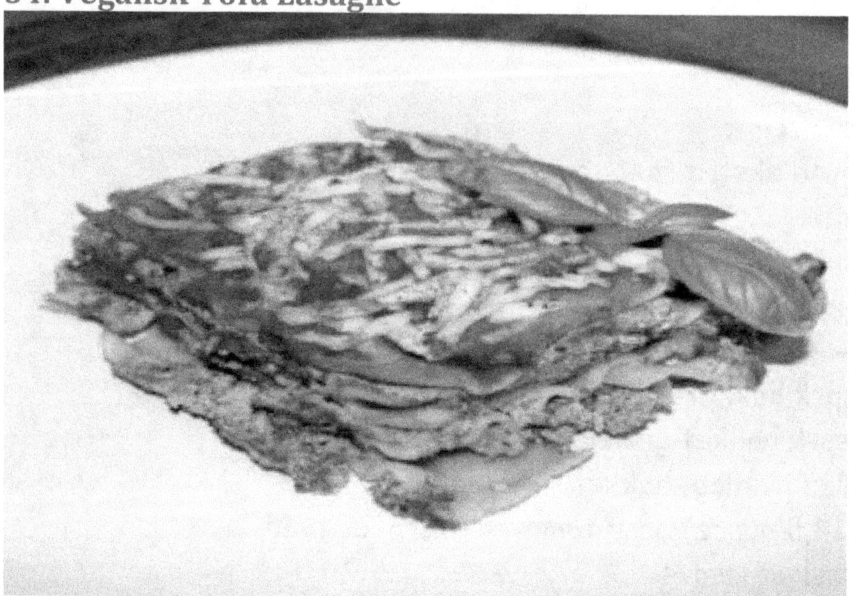

Giver 6 portioner

ingredienser
- 12 ounce lasagne nudler
- 1 pund fast tofu, drænet og smuldret
- 1 pund blød tofu, drænet og smuldret
- 2 spsk ernæringsgær
- 1 tsk frisk citronsaft
- 1 tsk salt
- 1/4 tsk friskkværnet sort peber
- 3 spsk hakket frisk persille
- 1/2 kop vegansk parmesan el<u>Parmasio</u>
- 4 kopper marinara sauce

Vejbeskrivelse
a) Forvarm ovnen til 350°F.
b) I en gryde med kogende saltet vand koger du nudlerne over medium-høj varme, mens du rører af og til, indtil de er lige al dente, cirka 7 minutter.
c) I en stor skål kombineres den faste og bløde tofus. Tilsæt næringsgær, citronsaft, salt, peber, persille og 1/4 kop parmesan. Bland indtil godt blandet.
d) Kom et lag af tomatsaucen i bunden af 9 x 13-tommers bageform. Top med et lag af de kogte nudler.
e) Fordel halvdelen af tofublandingen jævnt over nudlerne. Gentag med endnu et lag nudler efterfulgt af et lag sauce.
f) Fordel den resterende tofublanding ovenpå saucen og afslut med et sidste lag nudler og sauce. Drys med den resterende 1/4 kop parmesan. Hvis der er sauce tilbage, gem den og server den varm i en skål ved siden af lasagnen.
g) Dæk med folie og bag i 45 minutter. Fjern låget og bag 10 minutter længere.
h) Lad stå i 10 minutter før servering.

55. Græskarravioli med ærter

Giver 4 portioner

ingredienser
- 1 kop dåse græskarpuré
- 1/2 kop ekstra fast tofu, smuldret
- 2 spsk hakket frisk persille
- Knip stødt muskatnød
- Salt og friskkværnet sort peber
- 1Æggefri pastadej
- 2 eller 3 mellemstore skalotteløg, skåret i skiver
- 1 kop frosne babyærter, optøet

Vejbeskrivelse
a) Brug et køkkenrulle til at fjerne overskydende væske fra græskarret og tofuen, og kom derefter i en foodprocessor med næringsgær, persille, muskatnød og salt og peber efter smag. Sæt til side.
b) For at lave ravioli skal du rulle pastadejen tyndt ud på en let meldrysset overflade. Skær dejen ud i
c) 2 tommer brede strimler. Placer 1 dynger teskefuld fyld på 1 pastastrimmel, cirka 1 tomme fra toppen.
d) Læg endnu en teskefuld fyld på pastastrimlen, cirka en tomme under den første skefuld fyld.
e) Gentag i hele længden af dejstrimlen. Fugt kanterne af dejen let med vand og læg en anden stribe pasta oven på den første, der dækker fyldet.
f) Tryk de to lag dej sammen mellem portionerne af fyldet. Brug en kniv til at trimme siderne af dejen for at gøre den lige, og skær derefter på tværs af dejen mellem hver bunke fyld for at lave firkantede ravioli.
g) Sørg for at trykke luftlommer ud omkring fyldningen, før du lukker. Brug tænderne på en gaffel til at presse langs kanterne af dejen for at forsegle ravioli.

h) Overfør ravioli til en meldrysset tallerken og gentag med den resterende dej og sauce. Sæt til side.

i) I en stor stegepande opvarmes olien over medium varme. Tilsæt skalotteløgene og kog under omrøring af og til, indtil skalotteløgene er dybt gyldenbrune, men ikke brændte, cirka 15 minutter. Rør ærterne i og smag til med salt og peber. Hold varmen ved meget lav varme.

j) I en stor gryde med kogende saltet vand, kog ravioli, indtil de flyder til toppen, cirka 5 minutter. Dræn godt af og kom over i gryden med skalotteløg og ærter.

k) Kog i et minut eller to for at blande smagene, og overfør derefter til en stor serveringsskål.

l) Smag til med masser af peber og server med det samme.

56. Zucchini nudler med parmesan

Gør 2

Samlet tid: 7 minutter

ingredienser

- 2 mellemstore zucchini
- 2 spsk smør
- 3 store fed hvidløg, hakket
- 3/4 kop parmesanost
- 1/4 tsk røde chiliflager

Vejbeskrivelse

a) Skær zucchini i spiraler eller nudelstrenge ved hjælp af grøntsagsspiralizeren eller julienneskrælleren. Læg nudlerne til side.

b) Varm en stor pande op på medium-høj varme. Smelt smør, og tilsæt derefter hvidløg. Kog hvidløg indtil duftende og gennemsigtigt, cirka 30 sekunder.

c) Tilsæt zucchininudler og kog indtil de er møre, cirka 3-5 minutter.

d) Tag gryden af varmen, tilsæt parmesanost og smag rigeligt til med salt og peber.

e) Tilsæt chiliflager og server dem varme.

57. Mandelsmør tofu røre-fry

Gør 6

ingredienser

- 1 12-ounce pakke ekstra firmatofu.
- 2 spsk sesamolie (delt).
- 4 spiseskefulde reduceret natrium tamari
- 3 spiseskefulde ahornsirup.
- 2 spsk mandelsmør
- 2 spsk limesaft.
- 1-2 tsk chili hvidløg sauce
- Grøntsager
- Vilde ris, hvide ris eller blomkålsris.

Vejbeskrivelse:

a) Når ovnen er forvarmet, pakkes tofu ud og skæres i små tern.

b) Tilsæt i mellemtiden halvdelen af sesamolien, tamari, ahornsirup, mandelsmør, limesaft og chili hvidløgssauce/rød peberflage/koreanske chili til en lille blendeskål. Blend for at integrere.

c) Inkluder bagt tofu i mandelsmør-tamari-saucen og lad marinere i 5 minutter under omrøring nogle gange. Jo længere den marinerer, jo mere ekstrem smag, dog opdager jeg, at 5-10 minutter er tilstrækkeligt.

d) Varm en stor stegepande op over medium varme. Tilsæt tofuen, når den er varm, og lad det meste af marinaden stå.

e) Kog i cirka 5 minutter, under omrøring nogle gange, indtil de er brunet på alle sider og let karamelliseret. Fjern fra panden og stil til side.

f) Tilføj den resterende sesamolie fra marinaden til stegepanden.

64. Quinoa kikærte Buddha skål

Gør 2

ingredienser

Kikærter:

- 1 kop tørre kikærter.
- 1/2 tsk havsalt.

Quinoa:

- 1 spiseskefulde oliven-, vindruekerne- eller avocadoolie (eller kokosnød).
- 1 kop hvid quinoa (skyllet godt).
- 1 3/4 kop vand.
- 1 sund knivspids havsalt.

Grønkål:

- 1 stor pakke grønkål

Tahinisauce:

- 1/2 kop tahin.
- 1/4 tsk havsalt.
- 1/4 tsk hvidløgspulver.
- 1/4 kop vand.

Til servering:

- Frisk citronsaft.

Vejbeskrivelse:

a) Læg enten kikærter i blød natten over i koldt vand, eller brug hurtigopblødningsmetoden: Tilføj skyllede kikærter til en stor gryde og dæk med 2 tommer vand. Dræn, skyl og kom tilbage til gryden.

b) For at koge gennemblødte kikærter, tilsæt til en stor gryde og dæk med 2 tommer vand. Giv et opkog ved høj varme, reducer derefter varmen til et simre, tilsæt salt og rør rundt, og kog uden låg i 40 minutter - 1 time og 20 minutter.

c) Prøv en bønne ved 40-minutters mærket for at se, hvor møre de er. Så snart de er tilberedt, drænes bønnerne og lægges til side og drysses med lidt mere salt.

d) Forbered dressingen ved at inkludere tahin, havsalt og hvidløgspulver i en lille røreskål og piske for at integrere. Tilsæt derefter vand lidt ad gangen, indtil det danner en hældbar sauce.

e) Tilsæt 1/2-tommer vand til en medium gryde og lad det simre over medium varme. Fjern øjeblikkeligt grønkålen fra varmen og kom over i et lille fad til servering.

65. Sticky tofu med nudler

ingredienser:

- 1/2 stor agurk.
- 100 ml ris rødvinseddike.
- 2 spsk gyldent strøsukker.
- 100 ml vegetabilsk olie.
- 200 g pak firmatofu, skåret i 3 cm tern.
- 2 spiseskefulde ahornsirup.
- 4 spiseskefulde brun eller hvid misopasta.
- 30 g hvide sesamfrø.
- 250 g tørrede soba nudler.
- 2 forårsløg, strimlet, til servering.

Vejbeskrivelse:

a) Brug en skræller til at skære tynde bånd af agurken, og lad kernerne blive tilbage. Læg båndene i en skål og stil til side. Varm forsigtigt eddike, sukker, 1/4 tsk salt og 100 ml vand i en gryde ved middel varme i 3-5 minutter, indtil sukkeret bliver flydende, hæld derefter over agurkerne og lad det sylte i køleskabet, mens du forbereder tofuen .

b) Varm alt på nær 1 spsk af olien i en stor, slip-let stegepande over medium varme, indtil boblerne begynder at stige til overfladen. Medtag tofuen og steg i 7-10 minutter.

c) I en lille skål blandes honning og miso sammen. Fordel sesamfrøene ud på en tallerken. Pensl den stegte tofu med den klæbrige honningsovs og læg eventuelle rester til side. Dæk tofuen jævnt i frøene, drys med lidt salt og lad den stå et lunt sted.

d) Forbered nudlerne og vend med resten af olien, den resterende sauce og 1 spsk af agurkesyltevæsken. Kog i 3 minutter, indtil den er gennemvarmet.

66. Vegansk BBQ teriyaki tofu

ingredienser:

- 4 spiseskefulde sojasovs med lavt saltindhold.
- 2 spsk blødt brun farin.
- Knib malet ingefær.
- 2 spsk mirin.
- 3 tsk sesamolie.
- 350 g blok ekstremt fast tofu (se tip nedenfor) skåret i tykke skiver.
- 1/2 spsk rapsolie.
- 2 courgetter, skåret vandret i strimler.
- 200 g mør stilk broccoli.
- Hvide og sorte sesamfrø, til servering.

Vejbeskrivelse:

a) Bland sojasovsen, det bløde farin, ingefær og mirin med 1 tsk sesamolie og pensl det over hele tofustykkerne.

b) Kom dem i et stort, lavt måltid og læg eventuelt resterende marinade over. Afkøl i mindst 1 time.

c) Varm grillen op, til kulene er hvide, eller opvarm en stegepande. Bland den resterende sesamolie med rapsolien og pensl courgetteskiver og broccoli.

d) Grill dem over kullene i 7-10 minutter, eller indtil de gør ondt, og hold dem så varme.

e) Grill tofustykkerne på begge sider over kullene i 5 minutter (eller brug bradepanden), indtil de bliver brune og bliver sprøde i kanterne.

f) Server tofuen på en bund af grøntsagerne med den resterende marinade og drys over sesamfrøene.

67. Crusted tofu med radise

ingredienser:

- 200 g fast tofu.
- 2 spsk sesamfrø.
- 1 spsk japansk sashimi togarashi.

Krydderiblanding

- 1/2 spsk majsmel.
- 1 spsk sesamolie.
- 1 spsk vegetabilsk olie.
- 200 g mør stilk broccoli.
- 100 g sukkerærter.
- 4 radiser, meget fint skåret.
- 2 forårsløg, skåret forsigtigt.
- 3 kumquats, meget fint skåret.

Til dressingen

- 2 spiseskefulde lavsalt japansk sojasovs.
- 2 spsk yuzu juice
- 1 tsk gyldent strøsukker.
- 1 lille skalotteløg, fint skåret.
- 1 tsk revet ingefær.

Vejbeskrivelse:

a) Skær tofuen i halve, dæk godt med køkkenpapir og læg den på en tallerken. Sæt en kraftig stegepande ovenpå for at presse vandet ud af den. Rediger papiret et par gange, indtil tofuen føles tør, og skær derefter i tykke stykker.

b) Bland sesamfrø, japansk krydderiblanding og majsmel sammen i en skål. Sprøjt over tofuen, indtil den er godt lagdelt. Sæt til side.

c) I en lille skål blandes dressingens ingredienser sammen. Bring en gryde med vand i kog til grøntsagerne og varm de to olier op i en stor stegepande.

d) Når stegepanden er meget varm, medtages tofuen og steges i cirka 1 minut på hver side, indtil den er flot brunet.

e) Når vandet koger, tilberedes broccoli og sukkerærter i 2-3 minutter.

68. Røget kikærtetunsalat

Kikærtetun:

- 15 oz. af kogte kikærter på dåse eller andet.
- 2-3 spiseskefulde mælkefri yoghurt eller vegansk mayo.
- 2 tsk dijonsennep.
- 1/2 tsk stødt spidskommen.
- 1/2 tsk røget paprika.
- 1 spsk frisk citronsaft.
- 1 selleri stilk i tern.
- 2 spidskål hakket.
- Havsalt efter smag.

Sandwich samling:

- 4 stykker rugbrød eller spiret hvedebrød.
- 1 kop spædbarnsspinat.
- 1 avocado skåret eller i tern.
- Salt + peber.

Vejbeskrivelse:

a) Forbered kikærtetunsalaten

b) Puls kikærterne i en foodprocessor, indtil de ligner en grov, smuldrende konsistens. Hæld kikærterne i en mellemstor skål og tilsæt resten af de aktive ingredienser under omrøring, indtil de er godt blandet. Smag til med rigeligt havsalt efter egen smag.

c) Lav din sandwich

d) Læg babyspinaten på hver skive brød; tilsæt flere bunker af kikærtetunsalat, fordel jævnt. Top med avocadoskiver, et par korn havsalt og nykværnet peber.

69. Spirer med grønne bønner

ingredienser:

- 600 g rosenkål, delt i kvarte og skåret.
- 600 g grønne bønner.
- 1 spsk olivenolie.
- Skal og saft 1 citron.
- 4 spiseskefulde ristede pinjekerner.

Vejbeskrivelse:

a) Kog i et par sekunder, tilsæt derefter grøntsagerne og steg i 3-4 minutter, indtil spirerne farves lidt.

b) Tilsæt et skvæt citronsaft og salt og peber efter smag.

70. Svampe pilaf

Gør 2

ingredienser
* 1 kop hampefrø
* 2 spsk kokosolie
* 3 mellemstore svampe i små tern
* 1/4 kop skivede mandler
* 1/2 kop grøntsagsbouillon
* 1/2 tsk hvidløgspulver
* 1/4 tsk tørret persille
* Salt og peber efter smag

Vejbeskrivelse
a) Varm kokosolien op i en gryde ved middel varme og lad det koge op. Tilsæt de snittede mandler og svampe i gryden, når det er begyndt at boble.
b) Tilsæt hampefrø til gryden, efter at svampene er møre. Bland alt grundigt.
c) Tilsæt bouillon og krydderier.
d) Reducer varmen til medium-lav og lad bouillonen trække og simre.

71. Vegansk Coleslaw

Gør 3

ingredienser
- 1/4 Hoved Savoy Kål
- 1/3 kop vegansk mayonnaise
- 1 spsk citronsaft
- 1 tsk dijonsennep
- 1/4 tsk hvidløgspulver
- 1/4 tsk Løgpulver
- 1/4 tsk peber
- 1/8 tsk paprika
- Knib Salt

Vejbeskrivelse
a) Hak savojkålen på langs, så hver tråd kommer rent af kålen.
b) Kombiner kålen med alle de andre ingredienser i en røreskål. Kast rundt.

72. Vegetabilsk medley

Gør 2

ingredienser

- 6 spiseskefulde olivenolie
- 240 g Baby Bella svampe
- 115 g broccoli
- 90 g peberfrugt
- 90 g spinat
- 2 spiseskefulde græskarkerner
- 2 tsk hakket hvidløg
- 1 tsk salt
- 1 tsk peber
- 1/2 tsk rød peberflage

Vejbeskrivelse

a) Varm olivenolien op i en wok ved høj varme. Tilsæt hvidløg og steg i et minut.

b) Når hvidløget begynder at brune, tilsæt svampene og rør rundt.

c) Når svampene har opsuget størstedelen af olien, tilsæt broccoli og peberfrugt og bland det hele grundigt.

d) Smid alle krydderierne og græskarkernerne i.

e) Når grøntsagerne er færdige, top dem med spinat og lad dampen visne dem ned.

f) Bland det hele sammen og server, når spinaten er visnet.

73. Ristede grønne pecanbønner

Gør 4

ingredienser
- 1 lb. Grønne bønner
- 1/4 kop olivenolie
- 1/2 kop hakkede pekannødder
- 1 citronskal
- 2 tsk hakket hvidløg
- 1 tsk rød peberflager

Vejbeskrivelse

a) I en foodprocessor, mal pekannødderne.

b) Vend de grønne bønner med olivenolie, citronskal, hakket hvidløg og rød peberflager.

c) Forvarm ovnen til 350°F og rist de grønne bønner i 20-25 minutter.

d) Pynt med stødte pekannødder.

74. Stegte grønkålsspirer

Gør 2

ingredienser
- 1/2 pose Grønkålsspirer
- Olie til friture
- Salt og peber efter smag

Vejbeskrivelse
a) I en frituregryde varmes olien op, indtil den er varm.
b) Læg grønkålsspirerne i friturekurven.
c) Fortsæt med at koge grønkålsspirerne, indtil løgets kanter er brunede, og bladene er mørkegrønne.
d) Fjern fra kurven og dræn eventuelt overskydende fedt på køkkenrulle.
e) Tilsæt salt og peber efter smag og nyd!

75. Grillede grøntsager

Giver 6 portioner

ingredienser
- 2 mellemstore zucchini
- 8 ounces svampe
- 2 peberfrugter
- 4 spiseskefulde avocadoolie
- 1/2 tsk tørret oregano
- 1/2 tsk tørret basilikum
- 1/4 tsk hvidløgspulver
- 1/2 tsk tørret rosmarin

Vejbeskrivelse
a) Bland olien med de tørrede krydderier. Tilsæt et nip salt og peber.
b) Vend grøntsagerne med marinaden og lad det sidde i 10 minutter eller mere, mens du opvarmer grillen.
c) Grill grøntsagerne ved ret varm varme. Kog grøntsagerne, indtil de er møre-sprøde, og server!

76. Blandet grøn salat

Gør 1

ingredienser
Salat
- 2 OZ. Blandede grønne
- 3 spiseskefulde pinjekerner eller mandler, ristede
- 2 spiseskefulde af en foretrukken vinaigrette
- 2 spsk barberet parmesan
- 1 avocado, pit og skind fjernet og skåret i skiver
- Salt og peber efter smag

Vejbeskrivelse
a) Til servering: Vend det grønne med pinjekerner og vinaigrette.
b) Smag til med salt og peber og pynt med parmesanost.
c) God fornøjelse.

77. Tofu og bok choy salat

Gør 3

ingredienser
- 15 oz. Ekstra fast tofu
- 9 oz. Bok Choy

Marinade
- 1 spsk sojasovs
- 1 spsk sesamolie
- 1 spsk vand
- 2 tsk hakket hvidløg
- Saft 1/2 citron

Sovs
- 1 stilk grønt løg
- 2 spsk koriander, hakket
- 3 spiseskefulde kokosolie
- 2 spsk sojasovs
- 1 spsk Sriracha
- 1 spsk jordnøddesmør
- Saft 1/2 lime
- 7 dråber flydende stevia

Vejbeskrivelse
a) Forvarm ovnen til 350 grader Fahrenheit.
b) Bland alle ingredienserne til marinaden i en røreskål (sojasovs, sesamolie, vand, hvidløg og citron).
c) Skær tofuen i firkanter og kom den sammen med marinaden i en plastikpose. Mariner i 10 minutter eller længere.
d) Fjern Tofu og bag i 15 minutter på en bageplade.
e) Kombiner alle ingredienserne til saucen i en blandeskål.
f) Tag tofuen ud af ovnen og kom tofuen, bok choyen og saucen sammen i en salatskål.

78. Vegansk agurkesalat

Gør 1

ingredienser
- 3/4 stor agurk
- 1 pakke Shirataki Nudler
- 2 spsk kokosolie
- 1 mellemstor forårsløg
- 1/4 tsk rød peberflager
- 1 spsk sesamolie
- 1 tsk sesamfrø
- Salt og peber efter smag

Vejbeskrivelse
a) Opvarm 2 spsk kokosolie i en gryde over medium-høj varme.
b) Tilsæt nudlerne og læg låg på. Kog i 5-7 minutter, eller indtil de er sprøde og brune.
c) Fjern Shirataki nudlerne fra gryden og afdryp på køkkenrulle. Sæt til side.
d) Skær agurken i tynde skiver og kom den i en skål. Vend med forårsløg, rød peberflager, sesamolie og nudlerne.
e) Smag til med salt og peber.
f) Pynt med sesamfrø og anret på et fad.

79. Tempeh og søde kartofler

Giver 4 portioner

ingredienser
- 1-pund tempeh
- 2 spsk sojasovs
- 1 tsk stødt koriander
- ^{1}/2 tsk gurkemeje
- 2 spsk olivenolie
- 3 store skalotteløg, hakket
- 1 eller 2 mellemstore søde kartofler, skrællet og skåret i 1/2-tommers terninger
- 2 tsk revet frisk ingefær
- 1 kop ananasjuice
- 2 tsk lys brun farin
- Saft af 1 lime

Vejbeskrivelse

a) I en mellemstor gryde med kogende vand koges tempeh i 30 minutter. Overfør det til en lav skål. Tilsæt 2 spiseskefulde af sojasovsen, koriander og gurkemeje, vend til belægning. Sæt til side.

b) I en stor stegepande opvarmes 1 spsk af olien over medium varme. Tilsæt tempeh og steg indtil brunet på begge sider, cirka 4 minutter per side. Fjern fra panden og stil til side.

c) I samme stegepande opvarmes de resterende 2 spsk olie over medium varme. Tilsæt skalotteløg og søde kartofler. Dæk til og kog indtil let blødgjort og let brunet, cirka 10 minutter.

d) Rør ingefær, ananasjuice, de resterende 1 spsk sojasauce og sukker i, under omrøring for at kombinere.

e) Reducer varmen til lav, tilsæt den kogte tempeh, læg låg på og kog indtil kartoflerne er bløde, cirka 10 minutter. Overfør tempeh og søde kartofler til et serveringsfad og hold dem varme.

f) Rør limesaften i saucen og lad det simre i 1 minut for at blande smagene.

g) Dryp saucen over tempehen og server med det samme.

80. Koreansk quinoasalat

Til salaten:

- 1/2 kop kogt quinoa Jeg brugte en kombination af rød og hvid.
- 3 spiseskefulde revet gulerod.
- 2 spsk rød peber, forsigtigt skåret i skiver.
- 3 spsk agurk, fint skåret.
- Hvis frossen, 1/2 kop edamame optøet.
- 2 spidskål, finthakket.
- 1/4 kop rødkål, fint skåret.
- 1 spsk koriander, forsigtigt hakket.
- 2 spiseskefulde ristede jordnødder, hakkede (valgfrit).
- For at smage salt.

Koreansk jordnøddedressing:

- 1 spsk cremet naturligt jordnøddesmør.
- 2 tsk sojasovs med lavt saltindhold.
- 1 tsk riseddike.
- 1/2 tsk sesamolie.
- 1/2 - 1 tsk sriracha sauce (valgfrit).
- 1 fed hvidløg, forsigtigt hakket.
- 1/2 tsk revet ingefær.
- 1 tsk citronsaft.
- 1/2 tsk agave nektar (eller honning).

Vejbeskrivelse:

a) Lav koreansk jordnøddedressing:
b) Kombiner alle ingredienserne til at bære en lille skål og blend indtil godt kombineret.
c) Sådan laver du salaten:
d) Integrer quinoa med grøntsagerne i en røreskål. Inkluder dressingen og blend godt for at integrere.
e) Sprøjt de ristede peanuts på toppen og server!

81. Koriander infunderet avocado lime sorbet

Gør 4

ingredienser

* 2 Avocadoer (grube og hud fjernet)
* 1/4 kop Erythritol, pulveriseret
* 2 mellemstore limefrugter, Juiced og Zested
* 1 kop kokosmælk
* 1/4 tsk flydende stevia
* 1/4 - 1/2 kop koriander, hakket

Vejbeskrivelse

a) Bring kokosmælk i kog i en gryde. Tilsæt limeskal.

b) Lad blandingen køle af og frys derefter.

c) Kombiner avocado, koriander og limesaft i en foodprocessor. Puls indtil blandingen har en tyk konsistens.

d) Hæld kokosmælkblandingen og flydende stevia over avocadoerne. Puls blandingen sammen, indtil den når den passende konsistens. Det tager cirka 2-3 minutter at udføre denne opgave.

e) Sæt tilbage i fryseren for at tø op eller server med det samme!

82. Cheesecake med græskartærte

Gør 1

ingredienser
Skorpen
- 3/4 kop mandelmel
- 1/2 kop hørfrømel
- 1/4 kop smør
- 1 tsk Pumpkin Pie Spice
- 25 dråber flydende stevia

Fyldet
- 6 oz. Vegansk flødeost
- 1/3 kop græskarpuré
- 2 spiseskefulde creme fraiche
- 1/4 kop vegansk tung creme
- 3 spiseskefulde smør
- 1/4 tsk Pumpkin Pie Spice
- 25 dråber flydende stevia

Vejbeskrivelse
a) Kombiner alle skorpens tørre ingredienser og rør grundigt.
b) Mos de tørre ingredienser sammen med smør og flydende stevia, indtil der dannes en dej.
c) Til dine minitærteforme skal du rulle dejen til små kugler.
d) Tryk dejen mod siden af tærteformen, indtil den når og går op ad siderne.
e) Bland alle ingredienserne til fyldet i en røreskål.
f) Blend fyldets ingredienser sammen med en stavblender.
g) Når fyldets ingredienser er glatte, fordeles de i skorpen og afkøles.
h) Tag den ud af køleskabet, skær den i skiver og top med flødeskum, hvis det ønskes.

83. Mokka is

Gør 2

ingredienser
- 1 kop kokosmælk
- 1/4 kop vegansk tung creme
- 2 spiseskefulde Erythritol
- 20 dråber flydende stevia
- 2 spiseskefulde kakaopulver
- 1 spsk instant kaffe
- Mynte

Vejbeskrivelse
a) Blend alle ingredienser og overfør derefter til din ismaskine og kør i 15-20 minutter efter producentens anvisninger.
b) Når isen er blødfrossen, serveres straks med et mynteblad.

84. Kirsebær og chokolade donuts

Gør 12

Tørre ingredienser

- 3/4 kop mandelmel
- 1/4 kop gyldent hørfrømel
- 1 tsk bagepulver
- Knib Salt
- 10 g stænger mørk chokolade, skåret i tern

Våde ingredienser

- 2 store æg
- 1 tsk vaniljeekstrakt
- 2 1/2 spsk kokosolie
- 3 spiseskefulde kokosmælk

Vejbeskrivelse

a) I en stor røreskål kombineres de tørre ingredienser (undtagen den mørke chokolade).

b) Bland de våde ingredienser i og vend derefter de mørke chokoladestykker i.

c) Sæt din doughnut maker i stikkontakten og olie den om nødvendigt.

d) Hæld dejen i doughnut maker, luk og kog ca. 4-5 minutter.

e) Reducer varmen til lav og kog i yderligere 2-3 minutter.

f) Gentag for resten af dejen og server derefter.

85. Blackberry budding

Gør 1

ingredienser

- 1/4 kop kokosmel
- 1/4 tsk bagepulver
- 2 spsk kokosolie
- 2 spsk vegansk smør
- 2 spiseskefulde vegansk tung creme
- 2 teskefulde citronsaft
- Skal 1 citron
- 1/4 kop brombær
- 2 spiseskefulde Erythritol
- 20 dråber flydende stevia

Vejbeskrivelse

a) Forvarm ovnen til 350 grader Fahrenheit.

b) Sigt de tørre ingredienser over de våde komponenter og bland ved lav hastighed, indtil de er grundigt blandet.

c) Fordel dejen mellem to ramekins.

d) Skub brombærrene i toppen af dejen for at fordele dem ligeligt i dejen.

e) Bages i 20-25 minutter.

f) Server med en klat kraftig piskefløde på toppen!

86. Græskartærte med ahornsirup

Giver 8 portioner

ingredienser

- 1 vegansk tærtebund
- 1 (16-ounce) dåse fast pak græskar
- 1 (12-ounce) pakke ekstra fast silketofu, drænet
- 1 kop sukker
- 2 tsk stødt kanel
- 1/2 tsk stødt allehånde
- 1/2 tsk malet ingefær
- 1/2 tsk stødt muskatnød

Vejbeskrivelse

a) Blend græskar og tofu i en foodprocessor til det er glat. Tilsæt sukker, ahornsirup, kanel, allehånde, ingefær og muskatnød, indtil det er glat.

b) Forvarm ovnen til 400 grader Fahrenheit.

c) Fyld skorpen med fyldet. Bages i 15 minutter ved 350°F.

87. Rustik Cottage Pie

Gør 4 til 6 portioner

ingredienser
- Yukon Gold kartofler, skrællet og skåret i tern
- 2 spsk vegansk margarine
- 1/4 kop almindelig usødet sojamælk
- Salt og friskkværnet sort peber
- 1 spsk olivenolie
- 1 mellemstor gult løg, finthakket
- 1 mellemstor gulerod, finthakket
- 1 selleri ribben, finthakket
- 12 ounce seitan, fint hakket
- 1 kop frosne ærter
- 1 kop frosne majskerner
- 1 tsk tørret krydret
- 1/2 tsk tørret timian

Vejbeskrivelse

a) I en gryde med kogende saltet vand koges kartoflerne møre, 15 til 20 minutter.
b) Dræn godt af og kom tilbage i gryden. Tilsæt margarine, sojamælk og salt og peber efter smag.
c) Mos groft med en kartoffelmoser og stil til side. Forvarm ovnen til 350°F.
d) I en stor stegepande opvarmes olien over medium varme. Tilsæt løg, gulerod og selleri.
e) Dæk til og kog indtil de er møre, cirka 10 minutter. Overfør grøntsagerne til en 9 x 13-tommer bradepande. Rør seitan, svampesauce, ærter, majs, krydret og timian i.
f) Smag til med salt og peber og fordel blandingen jævnt i bradepanden.
g) Top med kartoffelmos, fordel til kanterne af bradepanden. Bages indtil kartoflerne er brune og fyldet er boblende, cirka 45 minutter.
h) Server straks.

88. Chokolade amaretto fondue

Giver 4 portioner

ingredienser
- 3 ounces usødet bagechokolade
- 1 kop tung fløde
- 24 pakker aspartam sødemiddel
- 1 spsk sukker
- 1 tsk amaretto
- 1 tsk vaniljeekstrakt
- Bær, $\frac{1}{2}$ kop pr. portion

Vejbeskrivelse
a) Bræk chokoladen i små stykker og kom i et 2-kopps glasmål med cremen.
b) Varm i mikroovnen på høj, indtil chokoladen er smeltet, cirka 2 minutter. Pisk indtil blandingen er blank.
c) Tilsæt sødemiddel, sukker, amaretto og vanilje, pisk indtil blandingen er glat.
d) Overfør blandingen til en fonduegryde eller en serveringsskål. Server med bær til dypning.

89. Flans med hindbærcoulis

Gør 2 til 4 portioner
ingredienser

- 1 kop mælk
- 1 kop halv og halv
- 2 store æg
- 2 store æggeblommer
- 6 pakker aspartam sødemiddel
- $\frac{1}{4}$ tsk kosher salt
- 1 tsk vaniljeekstrakt
- 1 kop friske hindbær

Vejbeskrivelse

a) Placer en bradepande fyldt med 1 tomme vand på en rist i den nederste tredjedel af ovnen.

b) Smør seks $\frac{1}{2}$-tommer ramekins. Opvarm mælken og halvanden i mikrobølgeovnen på høj (100 procent effekt) i 2 minutter eller på komfuret i en mellemstor gryde, indtil den er varm.

c) Pisk i mellemtiden æg og æggeblommer i en mellemstor skål, indtil det er skummende.

d) Pisk gradvist den varme mælkeblanding i æggene. Rør sødemiddel, salt og vanilje i. Hæld blandingen i de forberedte ramekins.

e) Læg dem i de vandfyldte gryder og bag dem, indtil cremecremen er stivnet, cirka 30 minutter.

f) Fjern fadene fra bradepanden og afkøl til stuetemperatur på en rist, og stil dem derefter på køl, indtil de er afkølet, cirka 2 timer.

g) For at lave coulis skal du blot purere hindbærene i foodprocessoren. Tilsæt sødemiddel efter smag.

h) Til servering skal du køre en ske rundt i kanten af hver creme og vende den ud på en desserttallerken.

i) Dryp coulis over toppen af cremen og afslut med et par friske hindbær og en kvist mynte, hvis du bruger.

90. Frugtkugler i bourbon

Giver 2 portioner

ingredienser
- $\frac{1}{2}$ kop melonkugler
- $\frac{1}{2}$ kop halverede jordbær
- 1 spsk bourbon
- 1 spsk sukker
- $\frac{1}{2}$ pakke aspartam sødemiddel
- Kviste frisk mynte til pynt

Vejbeskrivelse
a) Kom melonkugler og jordbær i et glasfad.
b) Vend med bourbon, sukker og aspartam.
c) Dæk til og stil på køl indtil serveringstid. Hæld frugten i dessertretter og pynt med mynteblade.

91. Hvidløgsranchdressing

ingredienser

- 1 tsk hvidløgspulver
- 2 spsk mayonnaise
- 2 tsk dijonsennep
- 2 spsk frisk citronsaft
- Salt og friskkværnet sort peber efter smag

Vejbeskrivelse

a) Bland alle ingredienserne i en salatskål.

b) Vend med en salat og server.

ingredienser

- 1 tsk finthakket rødløg
- $\frac{1}{2}$ tsk finthakket krystalliseret ingefær
- 1 spsk blancherede og skårne mandler
- 2 tsk sesamfrø
- $\frac{1}{4}$ tsk anisfrø
- 1 tsk hakket frisk koriander
- $\frac{1}{8}$ teskefuld cayenne
- 1 spsk hvidvinseddike
- 1 spsk ekstra jomfru olivenolie

Vejbeskrivelse

a) I en lille skål kombineres løg, ingefær, mandler, sesamfrø, anisfrø, koriander, cayenne og eddike.

b) Rør olivenolien i, indtil det er godt blandet.

93.   Dilly ranch cremet dressing

ingredienser

- 2 spsk mayonnaise
- 1 spsk finthakket frisk dild
- 1 spsk hvidvinseddike
- 1 tsk dijonsennep

Vejbeskrivelse

a) Rør alle ingredienserne sammen i en salatskål.
b) Vend med salat og server.

94.   Hot cha cha dressing

ingredienser

- 1 spsk ekstra jomfru olivenolie
- 1 spsk mayonnaise
- 2 spsk mild eller varm salsa
- $\frac{1}{4}$ tsk friskkværnet sort peber
- $\frac{1}{8}$ teskefuld stødt spidskommen
- 1 tsk hvidløgspulver
- $\frac{1}{4}$ tsk oregano
- Cayenne efter smag (valgfrit)
- Salt og friskkværnet sort peber efter smag

Vejbeskrivelse

a) Bland alle ingredienserne grundigt i en lille skål.

b) Smag til og juster krydderier.

95.   Vinaigrette i Cajun-stil

ingredienser

- 2 spsk rødvinseddike
- $\frac{1}{2}$ tsk sød paprika
- $\frac{1}{2}$ tsk kornet dijonsennep
- $\frac{1}{8}$ teskefuld cayenne eller efter smag
- $\frac{1}{8}$ teskefuld (eller mindre) sukkererstatning, valgfri eller efter smag
- 2 spsk ekstra jomfru olivenolie
- salt og friskkværnet sort peber efter smag

Vejbeskrivelse

a) Rør alle ingredienserne sammen i en salatskål. Smag til og juster krydderier.

b) Læg grønt salat ovenpå, vend og server.

96.   Sennepsvinaigrette

ingredienser

- 2 spsk ekstra jomfru olivenolie
- 2 tsk kornet sennep
- 1 spsk hvidløgspulver
- $\frac{1}{2}$ tsk tilberedt peberrod
- 2 spsk rødvinseddike
- $\frac{1}{4}$ tsk sukker
- Salt og friskkværnet sort peber efter smag

Vejbeskrivelse

a) Bland alle ingredienserne i en salatskål. Smag til og juster krydderier.

b) Læg det grønne salat i lag og vend rundt lige inden servering.

97.   Ingefær og peber vinaigrette

ingredienser

- 1 spsk risvinseddike
- $\frac{1}{4}$ tsk sukker
- 1 fed hvidløg, finthakket
- $\frac{1}{2}$ tsk finthakket frisk ingefær
- $\frac{1}{4}$ teskefuld knust tørret varm chili
- $\frac{1}{4}$ tsk tør sennep
- $\frac{1}{4}$ tsk sesamolie
- 2 spiseskefulde vegetabilsk olie

Vejbeskrivelse

a) Bland alle ingredienserne i en salatskål. Smag til og juster krydderier.

b) Læg et lag med grønt salat og vend rundt lige inden servering.

98.   Citrus vinaigrette

ingredienser

- 1 spsk frisk citronsaft
- 1 spsk frisk limesaft
- 1 spsk frisk appelsinjuice
- 1 tsk risvinseddike
- 3 spsk ekstra jomfru olivenolie
- $\frac{1}{2}$ tsk sukker
- Salt og friskkværnet sort peber efter smag

Vejbeskrivelse

a) Bland alle ingredienserne i en stor salatskål. Læg salatblade på dressingen.

b) Vend rundt lige inden servering.

99. Hvid peber og nelliker gnides

ingredienser

- $\frac{1}{4}$ kop hvide peberkorn
- 1 spsk stødt allehånde
- 1 spsk stødt kanel
- 1 spsk malet krydret
- 2 spsk hele nelliker
- 2 spsk stødt muskatnød
- 2 spsk paprika
- 2 spsk tørret timian

Vejbeskrivelse

a) Bland alle ingredienserne i en blender eller foodprocessor.

b) Opbevares i en krukke med tætsluttende låg.

ingredienser

- 3 spsk hvidløgspulver
- 3 spsk paprika
- 1 spsk chilipulver
- 2 tsk salt
- 1 tsk friskkværnet sort peber, eller efter smag
- $\frac{1}{4}$ tsk cayennepeper

Vejbeskrivelse

a) Kværn krydderiblandingen i en foodprocessor eller blender, eller brug en morter og støder.

b) Opbevares i en krukke med tætsluttende låg.

KONKLUSION

Hvis du tror, koreansk mad handler om BBQ-kød og stegt kylling, så tro om igen! Traditionelt er det koreanske køkken stærkt afhængig af korn, bælgfrugter og grøntsager. Kød var sjældent, så vores forfædre spiste ikke så meget kød, som vi gør i vore dage.